A MANHÃ SÓ VEIO DEPOIS DE UMA LONGA NOITE

Uma triunfante redescoberta dos prazeres mais jubilosos da vida na tradição das *Ilusões*, de Richard Bach

John Harricharan

A MANHÃ SÓ VEIO DEPOIS DE UMA LONGA NOITE

Uma triunfante redescoberta dos prazeres mais jubilosos da vida na tradição das *Ilusões*, de Richard Bach

Tradução
ADAIL UBIRAJARA SOBRAL
MARIA STELA GONÇALVES

EDITORA PENSAMENTO
São Paulo

Título do original: *Morning Has Been All Night Coming*

Edição	Ano
1-2-3-4-5-6-7-8-9	94-95-96-97-98-99

Direitos de tradução para o Brasil
adquiridos com exclusividade pela
EDITORA PENSAMENTO LTDA.
Rua Dr. Mário Vicente, 374 - 04270-000 - São Paulo, SP - Fone: 272-1399
que se reserva a propriedade literária desta tradução.

Impresso em nossas oficinas gráficas.

Dedicado a

Mardai Elizabeth, que, em vida, foi a minha alegria e inspiração e que, em seu passamento, tornou-se a minha esperança e a minha estrela brilhante...

e aos nossos dois maravilhosos filhos, Malika Elizabeth e Jonathan Nian, que foram encarregados pela mãe de concluir a tarefa de criar o pai.

Agradecimentos especiais

Sou profundamente grato à minha assistente, Anita Bergen, pela sua interminável paciência e constante estímulo. Sem a sua ajuda, eu ainda estaria escrevendo o manuscrito.

Agradecimentos especiais ao meu agente, Bob Silverstein, que acreditou em mim, até em momentos em que eu mesmo achava difícil fazê-lo. Minha gratidão à minha editora, Hillary Cige, cujas sugestões fizeram da tarefa de escrever este livro um grande prazer.

Por fim, minha particular gratidão ao meu irmão, David Harricharan, por seu apoio e lealdade, a Sandra Matuschka por seus comentários, e aos Três do Himalaia pela sua contínua orientação.

SUMÁRIO

Introdução
por Elisabeth Kübler-Ross, M.D.

O novo livro de John Harricharan tem início no ponto em que *Mesmo que Você Possa Caminhar sobre as Águas, Tome um Barco* termina. De certo modo, trata-se de uma continuação, embora os dois livros possam ser lidos independentemente um do outro. Quando o ler, você vai adorar o seu estilo. Vai ver a vida comum de um homem comum que enviúva e tenta criar sozinho dois filhos. Ele se preocupa em ganhar a vida e em cuidar das crianças, e ainda tem tempo, de certa maneira, de crescer em termos espirituais e emocionais.

Se você não tem problemas em passar de uma realidade a outra, do plano físico ao espiritual, de um lado para o outro, numas poucas páginas, este livro se destina definitivamente a você. Se tem problemas com o "teste da realidade", você terá dificuldades para seguir este livro com amor, compreensão e compaixão.

A Manhã só Veio Depois de uma Longa Noite me fez rememorar as inúmeras conversas que tive com os meus próprios guias, as minhas passagens entre realidades, do nível terreno a um nível mais elevado. O estilo de sua comunicação é quase idêntico. Eles não nos facilitam a vida. Eles tentam ensinar. Não dão respostas, mas apresentam parábolas, exemplos e, por vezes, quem sabe, sugestões de correção da nossa própria interpretação daquilo que julgamos doloroso ou negativo. Este livro evocou tantas lembranças das minhas próprias experiências em diferentes dimensões que, por momentos, estive perto de chorar e, em outras ocasiões, de rir às gargalhadas. Foi por certo uma experiência de *déjà vu* da primeira à última página. Este livro está repleto de pontos de interesse, de muitas jóias de sabedoria, tem muitas belas descrições do nosso modo de conceber Deus e daquilo que pensamos Dele/Dela. E, naturalmente, há a experiência especial de encontrar Deus em pessoa. Isso simplesmente acentua o fato de que Deus está em todas as coisas e em toda parte e de que, quando nos tornamos mais receptivos e abertos a essa realidade, também nos tornamos capazes de vivenciar essa experiência.

Obrigada, John, por compartilhar este livro conosco — com as pessoas que estão prontas para ouvir, para ver e para viver; pessoas que não desejam despender muito tempo e energia com trivialidades, que receberão cuidados desde que cuidem de si mesmas interiormente, o que talvez seja a lição mais difícil do mundo. Eu ainda me empenho em assimilá-la.

Bendito seja você, John, e obrigada por dividir isso conosco.

— *Elisabeth Kübler-Ross*

Prefácio

Alguns de nós travamos contato nas páginas de *Mesmo que Você Possa Caminhar sobre as Águas, Tome um Barco*. Outros se conheceram em palestras, seminários, aeroportos, por telefone ou por carta. Outros ainda podem ter se encontrado em áreas que se acham além do mundo tridimensional conhecido. E, no entanto, mesmo que o nosso encontro tenha sido breve como o de dois navios que se cruzam — ou longo como uma vida —, fomos atraídos um para o outro por dádivas que transcendem o tempo, dádivas como a verdade, a liberdade, o júbilo, a paz, o amor e, o que tem ainda mais importância, a própria vida.

Assim, voltamos a nos encontrar, ou nos reencontramos pela primeira vez, para nos unirmos de novo na gloriosa aventura da vida. A humanidade avançou de modo impressionante desde a época em que os nossos antepassados caçavam mamutes e dançavam sob a luz da lua cheia para celebrar as "glórias da caçada".

Se por acaso houver outras civilizações mais avançadas a nos observarem, é possível que os seus membros estejam intrigados com o nosso progresso. Eles podem até lembrar-se de quando, num estado menos iluminado, também eles trilharam o nosso caminho e, tal como o fizemos um dia, jogaram fogo e azeite quente uns nos outros. Talvez se recordem de suas batalhas e, ao fazê-lo, aplaudam os nossos esforços e nos animem a seguir em frente.

Sim, avançamos muito, mas o percurso à nossa frente ainda é bem longo. Não apenas marchamos rumo a uma maior tolerância e compreensão mútua, como também damos os primeiros passos no desenvolvimento de uma maior reverência por todas as outras formas de vida com as quais dividimos o planeta.

Parece haver na Terra uma consciência mais iluminada, e talvez tenhamos começado a entender aquilo que os grandes mestres da história vêm há séculos tentando nos ensinar — que somos todos filhos do Infinito, que estamos numa jornada para casa e que o amor é a força mais poderosa do universo.

Mas, por vezes, há um grande preço a pagar por essa evolução e esse entendimento: lágrimas derramadas à noite, os temores e a culpa espreitando nos cantos escuros da mente, bem como as constantes pressões da vida diária. É esse o campo no qual travamos as nossas mais fenomenais batalhas — arrependendo-nos do passado e com medo do futuro. Mas também é aí que podemos alcançar as maiores vitórias — vivendo no presente. Nunca estamos sozinhos, muito embora todos os nossos sentidos possam estar comprovando esse "fato" e gritando de dor. Mesmo que pareça que a esperança morreu e tudo quanto nos é caro foi levado pelo vento. Há uma Presença e um Poder; há um propósito e um plano. E se continuarmos a insistir, terminaremos por vencer.

Não é por acaso que nos encontramos aqui. As coisas nunca são acidentais. Encontramo-nos para aprender uns com os outros. Exploremos o infinito potencial da nossa condição de pessoas e, no final, descobriremos que a tragédia é apenas o triunfo ao contrário, que o fracasso é só o outro lado do sucesso e que todos os caminhos terminam por levar ao topo da mesma montanha.

Tenho o privilégio e o prazer de partilhar com você, caro amigo, parcelas da história da nossa viagem para casa. Há entre mim e você muita coisa em comum, peregrinos em busca da paz e do júbilo que sempre existiram na "morada secreta do Altíssimo", sob a "Sombra do Todo-Poderoso".

John Harricharan

Capítulo 1

A jornada para casa

Há ocasiões em que as coisas mais simples podem ser as mais profundas. E assim sucedeu naquela bela manhã de junho. Era quase como todas as outras manhãs de verão, não fosse o caráter peculiar da luz do Sol no meu quintal. Os raios do Sol, penetrando por entre os galhos estendidos, davam a impressão de assumir um matiz especial. Um fulgor extramundano dava o tom do dia. Vi-me pensando, enquanto ultimava os preparativos para levar minha esposa, Mardai, outra vez ao hospital, que aquela era uma manhã gloriosa.

Fazia pouco mais de dois anos que Mardai, ainda na casa dos trinta, combatia o câncer; eram muitos os nossos planos para o futuro. O desgaste e a tensão decorrentes da doença tinham cobrado de nós e dos outros membros da família o seu preço. Houve uma época em que encarávamos a vida corajosamente e nem sequer pensávamos nas armadilhas do destino que pudessem estar à nossa frente.

Acredito que podemos nos acostumar com qualquer coisa. Assim foi com a nossa constante batalha à moléstia. Ao longo dos anos, o câncer dera mostras de recuar, apenas para retornar pouco depois com uma vingança. Como Mardai não estivesse se sentindo bem ultimamente, seu médico insistira que ela voltasse ao hospital para observação.

Perto da hora de ir, despedimo-nos das crianças. Malika, nossa filha, segurava a mão do irmão, Jonathan, enquanto saíamos. Eles são duas crianças especiais. Nascidos com cerca de quatro anos de diferença, os dois tinham sido adotados quando extremamente novos. Eles tinham trazido muita alegria à nossa vida, e agora, aos onze e sete anos, ajustavam-se da melhor maneira possível à angústia do nosso dilema familiar.

O hospital ficava a cerca de uma hora de casa. Como sempre, era bom estar sozinho com Mardai no carro. Falamos dos "bons tempos" e de como eles tinham sido bons para nós. Trocamos idéias sobre o meu trabalho, as crianças e o nosso futuro. Embora ela risse de minhas tolas brincadeiras, eu podia sentir no fundo dos seus olhos as sombras da tristeza. Numa atitude de contida expectativa, discutimos planos para o nosso vigésimo aniversário de casamento, que seria dali a uma semana e meia.

O nosso carro ia vencendo o caminho. Ficamos um pouco em silêncio. De repente, Mardai estendeu a mão e tocou o meu ombro. Ela disse, apontando para a frente: "John, veja as letras naquele caminhão". À nossa frente, na pista da direita, ia um caminhão em marcha lenta com grandes letras pretas pintadas na traseira: JH. Acredito que todos gostem de ver as próprias iniciais, e sorrimos ao passar, acenando para o motorista, que em resposta buzinou.

Depois de passar, dei uma olhada pelo retrovisor e, na frente do veículo, lá estavam as mesmas letras, agora em tinta branca. Mardai olhou para mim com um esboço de sorriso e disse, mais afirmando do que perguntando: "Imagino o que isso significa". Um arrepio me percorreu o corpo quando ouvi uma voz dentro de mim dizendo: "Esta é a última viagem que vocês fazem juntos".

Pensei como tudo aquilo era ruim. Na traseira do caminhão, minhas iniciais em negro. Na frente, as mesmas iniciais em branco e, agora, a ansiosa sensação de que havia algo errado. Eu tinha o hábito de prestar atenção aos sinais e símbolos, chegando às vezes a ler mensagens em placas de automóveis. Eu descobrira que as coisas mais simples podem ser as mais profundas, algo a que já me referi. Mesmo assim, eu nunca me permitira levar essas coisas muito a sério, preferindo conservar um modo equilibrado de ver a vida, com seus aparentes altos e baixos. Contudo, como sabia que tudo na vida tem um sentido e que vivemos num universo organizado, não pude deixar de pensar nos meus sentimentos daquele momento e no possível sentido das letras no caminhão.

Prosseguimos, cada qual imerso em seus próprios pensamentos. Com o canto do olho, vi Mardai sentada, quieta e de olhos fechados. Fiquei mais apreensivo. Seria aquela de fato a nossa última viagem juntos? Não! Não era possível. Ela não passava de uma adolescente quando casamos. Os quase vinte anos que tínhamos passado juntos tinham tido problemas e alegrias, mas, de modo geral, tinham sido os melhores vinte anos da minha vida. Como seria passar o resto dos meus dias sem ela? Eu nem queria pensar nessa possibilidade.

É estranho como um pensamento leva a outro e, antes de nos darmos conta, vemo-nos sufocados pelas mais assustadoras fantasias. Fiz um enorme esforço para quebrar o ciclo de fatalidade e de pesar que logo se apossou de mim no meio da estrada. Mas eu consegui quando Mardai estendeu a mão, pegou as minhas e disse: "Você está preocupado, não é, John? Não fique. Tudo vai dar certo". Era seu modo de agir comigo; ela sempre parecia saber como eu me sentia. Em meio aos períodos mais sombrios, ela me lembrava com gentileza que terminaríamos por superar os problemas. Eu sorria enquanto concordava.

Chegamos ao hospital poucos minutos depois. Estacionei. Embora eu soubesse que ela sentia dores, Mardai insistiu em caminhar comigo do estacionamento até a recepção, em vez de usar o serviço de transporte que estava à nossa disposição. Por fim, depois de uma demorada burocracia para entrar, chegamos ao quarto dela e desfizemos sua maleta de itens pessoais. Ali ela iria passar as próximas semanas e eu ficaria longas horas conversando com ela, lendo, pensando e, às vezes, num estado de profunda exaustão, adormecendo.

Os dias se combinaram numa intemporalidade que os tornava indistinguíveis uns dos outros. Eu ia ao hospital e voltava, duas ou mesmo três vezes num dia. Meu tempo se dividia entre trabalhar e ir ver Mardai. O pouco que ainda restasse era passado com as crianças. Nunca tentei esconder delas a seriedade da situação, acreditando que a honestidade aliada à compaixão era a melhor maneira de agir. As crianças entendem mais as coisas do que os adultos admitem. As nossas, embora confusas e entristecidas pela dramaticidade dos acontecimentos, mostraram ter uma sabedoria e uma força não características de sua idade.

Certa manhã, enquanto me sentava ao lado dela em silêncio, pus-me a refletir acerca dos eventos que nos tinham levado até ali. Mardai dormia pacificamente. Sentindo a presença de outros seres no quarto, olhei ao redor. Não vi ninguém, mas continuei com a clara sensação de grande atividade. A temperatura caiu alguns graus e havia sons semelhantes aos de papel amassado. Fiquei bem quieto enquanto tentava observar. Uma leve brisa soprou à minha volta e pensei ouvir vozes, um tanto abafadas e distantes, mas que pareciam provir de dentro do quarto. E tudo desapareceu, voltando ao normal, do mesmo modo repentino.

Só então me apercebi de que algumas grandes mudanças se processavam. Fiquei aterrorizado com o que poderia estar acontecendo. Mardai continuava a dormir, e a minha mente se distanciou outra vez. Eu gostaria que o meu pai estivesse ali no quarto comigo, mas ele falecera há alguns anos. Assim que pensei nele, tive a impressão de que a sua voz dizia: "Estou com você, filho. Posso ter deixado a vida física na Terra, mas estou unido com você na eternidade. Estamos cuidando das coisas".

Uma lágrima desceu dos meus olhos. Onde estava a ajuda que dizem estar sempre conosco? Há momentos em que sofremos tanto o jugo do desespero que até pensar requer um fabuloso esforço. Era o que sucedia então. Exausto e aflito, fechei os olhos por um instante. Quando os abri, Mardai estava acordada. Ela me olhou com muito amor e ternura e disse, suavemente: "Estou muito preocupada com você e as crianças. Acho que desta vez não vou conseguir".

"Vamos lutar mais um pouco", falei, tentando ser forte, enquanto pegava as suas mãos e, entorpecido, sentava-me ali pelo que pareceu uma eternidade. E chegou a hora de ir para casa ver as crianças.

Passamos o vigésimo aniversário de casamento naquele quarto de hospital. Mardai estava um pouco mais animada enquanto sorria e me estendia um cartão de felicitações. Abri-o e vi, escritas com a sua própria caligrafia, as palavras: "Querido, os últimos vinte anos foram os mais felizes da minha vida. Rogo a Deus que me conceda outros vinte com você. Eu amo você". Ela deve ter pedido a alguém que lhe comprasse o cartão. Estava ficando cada vez mais difícil para ela fazer coisas simples como escrever. Suas dores ficavam cada vez mais intensas e até respirar era um enorme sacrifício.

Não se permitia a visita de crianças à ala de oncologia do hospital, mas pensei que, da próxima vez, levaria Malika e Jonathan para ver a mãe. O dia seguinte era domingo, sendo uma boa idéia fazer isso então, especialmente por ser tradição de família passar juntos todo o tempo possível aos domingos. Contei a Mardai os meus planos e os seus olhos se encheram de alegria ao pensar em rever as crianças. Fazia uma semana que ela as vira. Despedi-me dela e deixei o hospital com o coração pesado. E então percebi o pleno sentido das letras no caminhão. As letras pretas na traseira do veículo indicavam que eu iria passar um período extremamente sombrio, e as letras brancas na frente significavam que eu sairia das trevas para a luz. Pouco entendi naquele momento sobre o que iria acontecer.

O domingo chegou e, como planejado, as crianças foram comigo. Mardai ficou imensamente feliz por vê-las. Por alguma estranha razão, as autoridades do hospital não tinham feito objeções à presença delas. Mardai deu um apertado abraço em Malika e em Jonathan e disse-lhes que tinha muito orgulho deles. Tudo isso eram indícios do que estava por vir. Ainda assim, eu me recusava a aceitar outra coisa além da completa recuperação da minha esposa. Embora muito estivesse sendo feito pelos médicos para ajudá-la, eu no fundo sabia que outros métodos, como a oração à moda antiga, ajudavam. Era hora de levar as crianças para casa e, mais uma vez, parti.

É surpreendente como as emoções distorcem a nossa percepção! Em minha angústia, eu pensava que a vida na Terra se destinava ao sofrimento e que somos obrigados a ganhar o sustento com dificuldade, fazer o melhor possível e depois morrer. Em momentos de desespero, é assim que pensamos. Entretanto, quando tudo à nossa volta parece correr bem, vemos o mundo como um lugar adorável, sentindo-nos abençoados por ser partes da criação. Preferindo não pensar em nossos problemas passados, deixamos de compreender como outras pessoas podem sofrer tão terrivelmente; e seguimos pela vida com a nossa cegueira, sem refletir muito sobre o sofrimento. Eu lamentava muito a minha situação e isso sempre é para mim um sinal de desistência. Mas não é da minha natureza desistir.

No dia seguinte, animado, preparei-me bem cedo para voltar ao hospital. Dessa vez, só levei Malika comigo, deixando Jonathan aos cuidados de umas tias que nos visitavam. O dia não parecia muito diferente de tantos outros, mas eu começava a sentir que o rio da tristeza aumentava de vigor dentro de mim. Fiz o percurso, que costumava levar uma hora, em apenas quarenta e cinco minutos, mas eu não tinha consciência de ter corrido mais do que o usual.

Alguns dias antes, eu havia dito a um amigo que, fosse o que fosse o que estivesse acontecendo, o processo estava se acelerando.

Tão logo entramos no quarto, Mardai olhou para Malika e disse: "Que vestido bonito você está usando!" A essa altura, suas dores tinham chegado a um nível extremo e respirar era quase impossível. Nada parecia estar ajudando. Deixei-a para levar Malika em casa e, quando voltei, a situação piorara.

Pensamos de quando em vez que a medicina sempre pode fazer milagres; em outras ocasiões, desejamos amaldiçoar todos os médicos por sua incapacidade de ajudar. Nessa que seria minha última visita a Mardai, seus pais e eu fomos falar com os médicos.

O médico-chefe afirmou, com um suspiro: “Nada mais podemos fazer. Só nos resta esperar”. Um vazio terrível tomou conta do meu ser. Não tínhamos ido tão longe para perder. Primeiro a perda de todas as nossas posses materiais anos atrás, depois a perda do meu pai e, agora, a possibilidade de perder minha esposa![1] Não! Meu coração gritou em protesto, como se a pura força de vontade pudesse mudar o curso do destino. Não! Ela vai se recuperar novamente como tantas outras vezes. Mas uma calma vozinha interior dizia: “John, você agora pode dizer adeus”.

Voltei ao quarto e a olhei dormindo pacificamente. Tinha-lhe sido aplicado um analgésico fortíssimo para dar-lhe o máximo de bem-estar possível. Pegando-lhe as mãos, sussurrei: “Isso não passa de um instante na eternidade. Onde quer que você vá, eu a encontrarei”. E as lágrimas caíram. De súbito, o quarto pareceu assumir um tom brilhante acompanhado de música ao longe.

Fiquei quieto. Inclinando-me, beijei-a na testa, recuei, lancei-lhe um último olhar, virei-me e saí do quarto. Minutos depois, veio uma médica que, balançando a cabeça com tristeza, disse, com profunda simpatia na voz: “Ela se foi. Lamento muito”. Naquele dia de verão, tão longe da cidadezinha em que nasci, vi uma luz se apagar dentro de mim. As trevas aprofundaram-se, tornaram-se um pavoroso vazio, e não mais pude ver o sentido ou propósito do viver. A vida me parecia algo muito tênue, que está aqui num momento e, um instante depois, se foi.

No entanto, mesmo enquanto eu chorava, uma parte mais nobre de mim já estava falando da esperança de que

---

1. Essa história já foi contada num livro anterior, *Mesmo que Você Possa Caminhar sobre as Águas, Tome um Barco*.

toda alma precisa em sua jornada de volta para casa. Uma parcela do meu ser sabia que, das profundezas do desalento, surgiria uma compreensão muito maior do que qualquer uma que eu pudesse ter conhecido. Nos dias e noites que se seguiram, haveria momentos de tristeza, instantes de solidão e períodos de reflexão. Mas, depois disso, sempre haveria um sentido de propósito a me conduzir. Embora já não visse o rosto ou a aparência exterior de Mardai, ela estaria para sempre comigo. Creio que todos ficam vinculados por toda a eternidade com os objetos do seu amor, e nem o céu nem a terra podem separar almas que decidiram unir-se. Uma delas pode ir na frente por algum tempo, mas a outra sempre consegue alcançá-la.

Terminou dessa forma uma fase da minha vida, ao mesmo tempo que a outra tinha início. Todos os fins levam a novos começos. Quando uma porta se fecha, outra se abre e, mesmo assim, eu às vezes fico imaginando para quê existem portas.

Capítulo 2

A antiga luz interior

Entre as várias pessoas que conheci há anos, está um homem chamado Gideon. Hoje, enquanto estava sentado, tranqüilo na varanda, contemplando as árvores do quintal, ele veio mais uma vez à minha lembrança. Gideon era de fato uma pessoa muito especial. Conheci-o num estacionamento num lugar não muito longe da Big City*, onde eu morava. Passamos juntos por algumas aventuras extraordinárias, e por seu intermédio tive as mais espantosas experiências da minha vida.

Eu muitas vezes me perguntava o que havia sido feito dele. Em meio aos tempos de dificuldades e provações do passado recente, eu sempre alimentara a esperança de que ele reaparecesse e partilhasse comigo alguns segredos do Universo, como ele fizera há muito tempo. Ele e a sua colega Marla tinham sido um consolo no meu período de problemas financeiros, mas há muito eu não os via. Nosso último encontro tivera as feições de um sonho. Gideon, Marla e eu tínhamos estado numa festa onde havia muitos convidados notáveis.

---

*Nova York.

O tempo e a distância afetam a memória. Eu mal podia lembrar dos meus contatos com os convidados enquanto os ouvia explicar as suas idéias acerca da vida na Terra, sobre Deus, sobre o Universo e o propósito individual. Mas aquilo fora há muito tempo, e inúmeras mudanças tinham ocorrido na minha vida desde então. Eu já não contava com a presença da minha esposa de tantos anos. Meus filhos estavam crescendo, e parecia que Gideon e Marla viviam em outra época e num espaço extremamente distante. E, no entanto, um aspecto de mim sabia que voltaríamos a nos encontrar.

Os dias se transformavam lentamente em semanas e estas, em meses. O vazio que envolvia a minha vida parecia precipitar a inércia: eu só queria ficar sentado, com o olhar distante, sem nada fazer. Há muitas coisas de que temos conhecimento intelectual, mas nas quais não acreditamos de coração. Como seria, eu ficava imaginando, se Mardai aparecesse e me dissesse como estava e o que fazia?

Sou daquelas pessoas que adormecem com facilidade e que, quando dormem, há bem poucas coisas capazes de despertá-las. Trovões, vento, música, luzes — nada disso afeta a qualidade do meu sono. Contudo, eu pulava da cama, totalmente acordado, em segundos, sempre que Mardai dizia o meu nome. Ela não precisava falar alto; o mero murmúrio de "John" bastava.

Certa noite, fui para a cama por volta das onze horas da noite e comecei a ler. Sentindo-me cansado, decidi interromper a leitura e pus o livro de lado. Devo ter adormecido de imediato, porque a próxima coisa de que me lembro é estar, totalmente acordado, sentado na cama. Alguém me chamara pelo nome. Olhei as horas: 3 da madrugada. A voz soava exatamente como a de Mardai, e me virei por instinto para o seu lado da cama, no qual, é claro, ela não estava. Seria possível, especulei, que, em momentos de grande sofrimento, os entes queridos cruzassem os espaços para nos confortar? Têm havido muitos incidentes registrados desse gênero, razão pela qual sempre tentei manter a mente aberta no tocante a isso.

Talvez Mardai estivesse tentando entrar em contato comigo. A voz me soara tão real que fiquei acordado por muito tempo, sentindo-me ora feliz, ora triste. Embora sentisse uma presença calmante no quarto, não vi nem ouvi nada mais. Percorrendo lembranças de Mardai, voltei a dormir. E, dormindo, sonhei.

No sonho, vi Mardai numa cidadezinha caribenha, do tipo que gostávamos de visitar quando ela vivia. Com um belo vestido leve, ela não parecia ter passado dos vinte e poucos anos e, embora sorrisse, havia em volta dela uma atmosfera de tristeza. Dirigi-me a ela e disse: "Que bom vê-la, querida!" No sonho, eu sabia que ela tinha falecido. Falamos por algum tempo e eu então disse: "O lugar onde você está deve ser bem diferente daqui".

"Sim, claro que é", replicou ela.

"Você deve ter acesso a muitas informações que não estão ao nosso alcance", prossegui.

"Naturalmente", disse ela com doçura.

"Você vai me ajudar a saber um pouco sobre isso?"

"Sim. Ficarei feliz em fazê-lo", disse ela.

Começamos a descer por uma rua com belas lojas para turistas de ambos os lados. Falávamos alegremente enquanto caminhávamos. De repente, chegamos a um ponto em que o caminho se dividia em dois, um que parecia levar à praia e outro que levava de volta à cidade. Nesse ponto, ela parou, olhou-me com tristeza e disse: "Tenho de ir agora. Mas procure Gideon. Ele vai voltar a vê-lo. Não se preocupe. Como você pode ver, estou bem. Já não sinto dores. Eu amo você. Voltarei a vê-lo em breve". Ela se foi e fiquei sozinho no caminho de volta à cidade.

O sonho se dissolveu e despertei com a sensação de que alguma coisa importante estava prestes a ocorrer. Pela primeira vez desde a morte de Mardai, senti-me em paz. Mas o que ela queria dizer ao falar que eu procurasse Gideon? É claro que eu tinha a esperança de receber uma visita dele. O encorajamento era por certo bem útil naquele momento ruim da minha vida. E Gideon sempre tinha jeito com as palavras. Sua capacidade de ilustrar uma questão com exemplos significativos tinha extrema utilidade. Eu tinha grande necessidade de um pouco de ajuda e de orientação.

Por mais que eu desejasse ficar na cama, isso não era possível. Eu tinha de cuidar das crianças e fazer várias outras coisas, como ir trabalhar. Eu não gostava de deixar Malika e Jonathan sozinhos por longos espaços de tempo, se bem que por vezes isso fosse inevitável. Não que eu tivesse alguma preocupação especial com eles; na verdade, eu sentia saudade deles quando não estávamos juntos, sendo confortado pela proximidade deles e pelo vínculo com a mãe deles que isso me proporcionava. Terminadas as tarefas rotineiras, eu disse adeus às crianças, deixando-as aos cuidados dos avós, e fui para o escritório.

A lembrança do sonho ainda estava vívida quando parei num sinal vermelho. O modelo Volkswagen que parece um besouro é raro hoje em dia, mas vi um azul à minha direita. Eu não lhe teria dado maior atenção se, quando o sinal abriu e o veículo partiu, eu não tivesse visto, na placa, as letras G-I-D-E-O-N. Era um incidente idêntico ao que ocorrera, há alguns anos, pouco depois de eu conhecer Gideon. E me lembrei da mensagem de Mardai — "procure Gideon". Um tanto abalado, tentei alcançar o carro e quase avancei o sinal seguinte. Mas o perdi de vista.

Ao longo do dia, mal pude me concentrar no trabalho, pensando no sonho, em Gideon, em placas de automóveis, em estranhas coincidências, nas crianças, no jantar e em mil outras coisas do gênero. Havia no meu íntimo uma sensação de crescente expectativa, e vi-me entoando uma música da infância que aprendi na minha cidadezinha natal. Meu devaneio foi interrompido pelo som do telefone tocando.

Peguei o fone, e a voz do outro lado disse: "Alô! Sou um vendedor de enciclopédias. Gostaria de explicar ao senhor como adquirir uma das nossas coleções com módicos pagamentos mensais".

"Lamento, mas não preciso de enciclopédias. Já tenho duas."

"Duas? Você coleciona enciclopédias?"

Eu estava começando a me aborrecer. Para falar a verdade, eu tinha mesmo duas, a Americana e a Britânica. Comprei-as quando fazia a faculdade. Um vendedor se dirigiu a mim para vender a Enciclopédia Americana. Ele me convenceu de que se eu comprasse, ele ganharia uma viagem ao Havaí. Disse que o custo era uma pequena entrada e uma pequena prestação mensal. Embora tivesse pouco dinheiro, eu queria que o pobre homem ganhasse a sua viagem e assinei na linha pontilhada.

Três semanas depois de me tornar o orgulhoso dono de uma Enciclopédia Americana nova em folha, fui abordado por outro vendedor no *campus* que me disse estar vendendo a Enciclopédia Britânica.

"Acabei de comprar a Americana", falei.

"Não há problema. Você precisa das duas, e depois não vai precisar comprar mais nenhuma por muitos anos."

"Mas não tenho dinheiro", protestei. "E, na verdade, uma coleção basta. Eu nem sequer precisava de uma, porque a biblioteca tem uma coleção, que posso usar quando for necessário."

"Você está falando de perder tempo na biblioteca quando pode ter uma no seu quarto? Não, não. Seu tempo é muito valioso. É só uma entradinha e algumas prestações mensais."

"Não, senhor", falei com firmeza. "Não preciso de outra enciclopédia nem quero comprar." E comecei a me afastar. Ele foi atrás de mim e, com desespero na voz, disse: "Bem, de qualquer modo, muito obrigado. Imagino que agora vou perder a minha casa. Minha esposa vai ter de pegar o bebê e voltar para a casa da mãe".

"Casa? Bebê? Mãe? De que você está falando?"

Com um olhar de resignação, ele explicou: "Veja, se eu vender mais uma coleção, ganharei um prêmio que vai dar para pagar o aluguel e impedir o meu despejo. Esta era a minha última esperança".

Seria uma lágrima o que eu via nos seus olhos? Parei e o estudei por um momento. Só um desalmado deixaria o pobre homem sofrer.

"Mas nem tenho dinheiro para a entrada", falei.

"É um pequeno valor que você pode me enviar depois", foi a sua rápida resposta. "Tudo o que você tem de fazer é assinar na linha."

Talvez alguns de nós já nasçamos pouco inteligentes enquanto outros parecem que vão perdendo a inteligência à medida que envelhecem. Não sei dizer qual a minha categoria. Naquela época, porém, sendo muito ingênuo em questões comerciais, assinei obedientemente na linha, tornando-me assim o orgulhoso proprietário de duas enciclopédias. Raramente conto essa história, por achá-la embaraçosa. Jurei que nunca mais queria ver um vendedor de enciclopédias na minha frente. Por isso, eu estava furioso ao ser abordado por aquele.

"Está bem. Mas permita-me ao menos deixar-lhe um brinde. Que mal pode haver nisso?"

"Por que não enviá-lo pelo correio? Não perca tempo em trazê-lo. Garanto que não vou comprar nada. Os meus filhos têm todas as enciclopédias de que precisam."

"Seu endereço é...", e ele disse o meu endereço. Supus que ele o tivesse obtido em alguma mala direta. Havia uma irritante persistência na sua voz enquanto continuava: "Serão só alguns minutos. Faça-me esse favor. O senhor entende, é política da empresa".

"Bem, que mal pode haver? Você disse que são só alguns minutos?"

"Sim, prometo não impor nada. Hoje à noite, por volta das sete, está bom?"

"Está bem, eu o espero", eu disse, desligando o telefone. Havia nessa conversa uma espécie de familiaridade, um tipo de *déjà vu*. Parecia-me ter ouvido o que ele dizia, palavra por palavra, em outra ocasião, há anos. Bem, dessa vez seria diferente; ninguém iria me vender algo que eu não quisesse! Há um velho ditado: "Se você me engana uma vez, a vergonha é sua; mas se você me engana duas vezes, a vergonha é minha". Eu sabia que não havia o perigo de eu me tornar dono de três enciclopédias; na realidade, eu pensava em me divertir um pouco com a situação.

Quando cheguei em casa, examinei a caixa de correspondência. Só vi o de sempre, exceto por um envelope grande, sem selos, que parecia conter um livro. Eu não me lembrava de ter feito nenhum pedido de livros. Abri o envelope e tirei um volume encadernado em couro com o título de *A Antiga Luz Interior*. Na capa estava um bilhete em papel amarelo: "Eis o seu brinde. Lamento ter de cancelar o nosso encontro desta noite, mas logo entrarei em contato". A assinatura dizia: "Seu vendedor de enciclopédias".

"Interessante!", pensei. Ele só falara comigo há algumas horas, marcara um encontro, cancelara-o e pusera o brinde na caixa de correspondência. E que título — *A Antiga Luz Interior*! Como eu precisava de um bom livro para ler, fiquei grato por receber aquele. Abri-o e olhei o nome da editora e do autor. E ali estavam, me encarando, as palavras: *A Antiga Luz Interior,* publicado pelos Editores da G & M Enterprises, Nova York, Estados Unidos da América. Na capa interna da esquerda, escritos a tinta com uma bela caligrafia, os dizeres: "Para John, com amor e o respeito que um aluno da vida deve a outro". A assinatura era ilegível. Tentando tomar pé no meio dessa confusão, usei em voz alta uma velha expressão: "Com os diabos!" As crianças pararam de brincar, surpresas, e Malika me perguntou: "Tudo bem, papai?"

"Ah, sim", respondi depressa, deixando o livro de lado. Primeiro o jantar, depois o livro.

Depois que as crianças se deitaram, voltei à *A Antiga Luz Interior* e folheei as suas páginas. Eu conhecia a G & M, mas não sabia que publicava livros. Era uma história sobre alguém que alcançava o sucesso depois de passar por uma longa série de tragédias. Ele seguira a orientação advinda do seu íntimo e nunca desistira. O exemplo desse herói era uma inspiração e um conforto para mim.

Largando o livro, pensei comigo mesmo que talvez todos tivessem a capacidade de fazer do desastre triunfo e da pobreza abundância. Pode ser que, dentro de todos nós, haja essa "antiga luz", que nos guia se procurarmos por ela no nosso coração. Com pensamentos desconexos dessa natureza, fui me deitar, esquecendo de livros, de enciclopédias, de tudo, exceto do doce conforto do meu travesseiro. O dia seguinte era sábado e eu ansiava por fins de semana.

Capítulo 3

O retorno de Gideon

Quando acordei, já amanhecera. Tenho um lugar favorito onde me sento com a minha primeira xícara de café. Ele fica na cozinha, diante da grande janela que dá para as árvores atrás da casa. No início daquele ano, eu construíra uns comedouros de pássaros e adorava ficar observando as aves comerem as sementes que Malika e Jonathan punham para elas. Um desses comedouros ficava preso a um tênue fio estendido entre dois gigantescos carvalhos. Eu fizera aquilo na minha interminável batalha destinada a evitar que os esquilos devorassem toda a comida dos passarinhos.

Ao que parece, os esquilos são relativamente inteligentes. Apesar de todas as minhas precauções, eles sempre conseguiam chegar aos comedouros. Naquela manhã, vi dois esquilinhos olhando o comedouro suspenso. Eu quase podia sentir a intensidade de sua atenção enquanto eles pareciam calcular mentalmente as distâncias entre a árvore e o seu alvo. Por fim, um deles pulou, chocou-se contra o comedouro e foi ao chão. Ao fazê-lo, derrubou algumas sementes, que comeu com o seu amigo. Eles fizeram revezamento, alternando-se nos saltos, nos quais atingiam o comedouro, para depois se refestelarem com as sementes.

Parecia não haver conflito na repetição sistemática dessa façanha, nenhuma competição, apenas cooperação e partilha. Enquanto pensava nisso, esqueci-me do livro que recebera, bem como dos problemas a serem resolvidos, e fiquei especulando acerca de quem ensinara os esquilos a sua acrobática rotina de alimentação. Como teriam eles aprendido a esconder nozes? Qual era a inteligência e força vital dentro deles que os tornava tão graciosos enquanto realizavam suas tarefas do dia-a-dia? Há nos animais uma tranqüilidade deveras incomum na maioria das pessoas. Eles parecem viver por inteiro no presente, sem arrependimentos com relação ao passado nem temores diante do futuro.

Mas os meus pensamentos voltaram à *A Antiga Luz Interior*. Perguntei a mim mesmo se não era estranho que um vendedor de enciclopédias me desse um livro como aquele. Por alguma razão, veio-me à mente a lembrança do meu amigo Gideon. Tive a sensação de que ele estava por perto e de que logo o veria. Lembrei-me daquele dia longínquo na festa em que ele e Marla tinham se despedido de mim e dito que sempre me ajudariam e se manteriam em contato.

O telefone tocou e interrompeu os meus pensamentos. Por que alguém ligaria num sábado tão cedo? As crianças ainda dormiam e eu me deliciava com meu café, meus pássaros, meus esquilos e minhas reflexões. Com relutância e irritação, levantei o fone. Era o vendedor de enciclopédias.

"Alô, senhor H. Espero que não seja muito cedo para o senhor. Recebeu o brinde de que lhe falei?"

"Sim, e agradeço. Mas você não podia ligar mais tarde? As crianças ainda estão dormindo", falei.

"Eu só queria que o senhor soubesse que temos uma oferta especial para o senhor", disse ele, como se ligar para um desconhecido antes das sete da manhã fosse a coisa mais normal do mundo. "Sinto muito. Mas sei que o senhor é muito ocupado, e queria entrar em contato bem cedo. Tenho algumas excitantes notícias para o senhor."

"Faça-me o favor. Eu já lhe disse que não estou interessado. Não desperdice o seu tempo", falei, sem querer ser rude. Anos atrás, estive no campo de vendas e desenvolvera certa empatia por vendedores. Eu cultivara uma grande admiração pela sua coragem e persistência enquanto passavam de rejeição em rejeição até efetuarem uma venda.

"Não pense nisso. Deixe-me passar aí e explicar os termos e condições do prêmio que o senhor ganhou."

"Mas que prêmio é esse?"

"Bem, o senhor foi a milésima pessoa. Quero dizer, o senhor foi o milésimo nome que peguei ao acaso para ligar. É política da empresa dar uma enciclopédia grátis ao milésimo contato de cada vendedor. O senhor é um deles, senhor H. Posso então passar aí para explicar tudo? Estou há dez minutos da sua casa."

A voz ao telefone parecia tão charmosa e cheia de integridade! Como eu poderia resistir? Talvez houvesse algum truque naquilo, mas terminei por concordar, resolvendo ser cauteloso. "Está bem. Vejo-o em dez ou quinze minutos. Você sabe chegar aqui?"

"Claro. Lembre-se de que deixei aí seu brinde ontem. O livro na caixa de correspondência. Obrigado, senhor H. Logo estarei chegando."

Um tanto contente por ter de fato ganhado alguma coisa, tomei mais café enquanto esperava o vendedor. Nem me ocorrera perguntar o seu nome e não me lembro de que ele o tivesse mencionado. Fosse como fosse, passar uma meia hora com ele não seria um problema naquele dia. As crianças ainda iriam dormir por cerca de uma hora e não tínhamos planos especiais para o dia. Fiz mais café, deixei a pia em ordem, olhei outra vez os passarinhos e os esquilos e então peguei o livro que o vendedor me deixara. Quando comecei a folheá-lo, tocaram a campainha. Larguei o livro, dirigi-me à porta da frente e disse: "Olá!..."

Foi tudo o que consegui falar enquanto ficava ali, boquiaberto. Diante de mim estava um homem de barba que usava um terno azul. Seus cabelos eram muito negros e seus olhos expressavam grande alegria. Ele parecia não ter envelhecido desde a última vez que eu o vira, há muitos anos. Eu devia ter a aparência de um estudo em mármore enquanto ficava ali parado procurando alguma coisa interessante para dizer. Ele percebeu o meu embaraço e disse: "Pelo amor de Deus, John, você não convida um velho amigo a entrar?"

"Claro, claro", falei, enquanto lhe dava um forte abraço. "Entre. Eu devia saber que era você. Então você tem vendido enciclopédias?"

"Vamos sentar e explicarei. Sinto cheiro de café. Posso tomar um pouco?"

Entramos e ele se sentou enquanto eu lhe dava uma xícara de sua bebida favorita. Senti uma enorme alegria por rever Gideon. Fora ele quem ficara ao meu lado num período de tribulação. Eu nunca me esquecera do tempo que passamos juntos, mas sempre me perguntava o que era feito dele e de Marla. Onde estavam eles quando minha mulher morreu?

"Já posso ouvir milhares de perguntas na sua mente, John", disse ele quando lhe passei a xícara.

"Onde você esteve todo esse tempo, Gideon?"

"Fazendo a minha obrigação, John."

"Obrigação? Que obrigação? Vender enciclopédias?"

"Esse foi o método que usei para voltar a ter contato com você. E, mais do que isso, foi um teste da evolução de sua compreensão. Você teria coragem de dispensar um pobre vendedor, sem lhe dar uma oportunidade, mesmo com os seus tantos compromissos? Teria você aprendido a paciência e a compaixão? Será que você concederia, a mim ou a outro ser humano, alguns minutos do seu tempo, ou estaria tão preocupado consigo mesmo que não se daria esse trabalho? Precisávamos ter respostas para algumas perguntas."

"Quer dizer que você estava me testando? Isso não era necessário. Tenho passado por muitas provas nos últimos anos, Gideon."

"De fato, John. Mas os testes não se importam. Eles simplesmente aparecem e dizem 'Alô! Sou um teste. Faça comigo o que quiser. Ignore-me se o desejar ou lide comigo como lhe aprouver. Sou apenas mais um dos seus testes'. É isso que as provas dizem. Você mesmo as planejou para seus interesses específicos, para medir o seu progresso atual com base no seu potencial. Na verdade, o objetivo desses testes é fazer que surja o melhor de você, mas deve-se reconhecer que isso nem sempre acontece."

Gideon estava muito sério ao falar. Seria de esperar que a nossa conversa fosse mais amena, dado que há muito tempo não nos víamos. Ele ainda não explicara por onde tinha andado. Seu hábito de responder a uma pergunta com outra, sua capacidade de transformar uma afirmação em combustível para o pensamento me fascinavam tanto quanto me frustravam.

"Vejo que você ainda é o mesmo velho Gideon, ainda capaz de transformar até as mais simples situações em experiências de aprendizagem. Você não acha que já tivemos diálogos suficientes sobre a vida e sobre testes, e que deveríamos nos comprazer outra vez com a companhia um do outro?"

"Há muito a ser feito agora, John. E por isso estou aqui."

"Você fala sério, Gideon? Por onde você andou todo esse tempo? E não me fale de cumprir obrigações."

Seu rosto tinha um ar mais triste quando ele se inclinou para a frente. "Sempre estive observando você, John", disse ele. "Fiquei ao seu lado em sua agonia e chorei com você as lágrimas que você derramou enquanto passava por aqueles sofrimentos. Eu estava no quarto do hospital da mesma maneira como estive com você quando a maioria dos seus amigos e a sua família lhe deram as costas. Rejubilei-me com você em seus momentos de alegria. Sim, John, estive com você todo esse tempo."

Fiquei pasmado e zangado. Então ele estivera comigo todo esse tempo e não levantara um dedo para me ajudar? Como se lesse meus pensamentos, o que costumava fazer, ele disse: "Embora eu — e outros — estivesse ao seu lado, não era permitido interferir. Você sabe que também temos regras".

Vi-me ainda mais agitado ao falar: "Veja, Gideon, você, Marla e os outros se divertem viajando no tempo e no espaço. Vocês parecem ter capacidades extraordinárias, como aparecer e desaparecer à vontade. Com um estalar de dedos, podem resolver o problema de outra pessoa, mas ainda assim você tem a coragem de sentar-se aqui e me dizer que estavam apenas observando? Parados enquanto eu passava por agonias? Bem, espero que eu tenha dado um bom espetáculo, meu amigo".

"Você está ficando irritado, John", disse ele, mal elevando o tom de voz. Ele sempre me espantava por permanecer calmo em qualquer situação.

"Irritado? Não, irritado não, apenas terrivelmente desapontado por você não ter usado nenhuma de suas notáveis capacidades para me ajudar num dos piores momentos da minha vida. Eu apenas..."

Ele não me deixou terminar, dizendo: "Nem sempre podemos recorrer ao que você chama de talentos especiais para resolver os problemas das pessoas. Mesmo nós temos de nos lembrar de que quando você pode caminhar sobre a água, pode ser aconselhável pegar o barco. Se você, como pai, resolvesse todos os problemas dos seus filhos, como eles iriam evoluir e crescer? Como aprenderiam a ser pessoas independentes e realizadas, capazes e desejosas de dar uma contribuição ao nosso mundo?"

Sua lógica era irrefutável. Acalmei-me um pouco. "Está certo, está certo. Eu sei. Às vezes, para o bem maior da pessoa, não podemos interferir no processo de aprendizagem e tudo o mais. Porém, de vez em quando, Gideon, apenas numa ou noutra ocasião, eu gostaria que vocês, auxiliares da humanidade, estendessem as mãos e fizessem alguma coisa, quem sabe um milagre, que ajudasse um pobre peregrino a trilhar o seu caminho."

Enquanto eu falava, ele apenas tomara um gole de café. Ao ouvir as minhas palavras, ele largou a xícara e me encarou. Seus olhos cheios de tristeza e de compreensão queimaram os meus. "Eis precisamente o que estivemos fazendo por você, John", disse ele.

"Quer dizer, Gideon, que vocês estiveram me ajudando todo esse tempo? Meu mundo desabando e tudo se despedaçando, e vocês me estendendo uma mão amiga? Pelo amor de Deus, homem! Imagino como teria sido se vocês *não* tivessem me ajudado! Veja, pode ser que eu às vezes sinta pena demais de mim mesmo. Mas você há de convir que cansa lutar na vida dia após dia."

Ele balançou a cabeça ao dizer: "Sim, você está cansado, mas misturou alguns fatos com suas opiniões e modos de ver as coisas. A vida não é uma batalha. Eis o seu primeiro equívoco. Veja-a como uma batalha e você não terá paz. A vida não é uma montanha-russa. Encare-a assim e você terá altos e baixos. É claro que você passou por poucas e boas nos últimos anos. Sei que você e outras pessoas têm sofrido. Mas isso é só uma parte da história. Acredite-me: você foi acompanhado e protegido. Todos são. Cada uma e todas as formas de vida da Terra têm seu próprio sistema de proteção. Vocês sempre estão em segurança, mesmo havendo momentos em que tudo parece desabar".

A nossa conversa já durava quase uma hora. Eu ainda estava curioso com muitas coisas. Mudei o rumo da conversa. "Gideon, fale-me sobre a G & M. Você ainda trabalha lá? E como vai Marla?"

"Tudo a seu tempo, John. Uma fase da vida acabou e outra teve início. Temos de trabalhar mais próximos agora. Essa é a razão de eu estar aqui hoje. Logo terei de ir embora. Mas volto a entrar em contato. Apenas leia e releia o livro que lhe dei. Ele é como um roteiro turístico, dando indicações para se navegar pelos oceanos da vida. Você vai gostar dele." Gideon se inclinou na cadeira e olhou o relógio na parede da cozinha.

"Não me diga que já vai", falei. "Você acabou de chegar. Preciso de respostas para muitas perguntas."

"Não, John, você tem as respostas. Mas precisa trabalhar com as perguntas. Comece por fazer as perguntas certas e vai se surpreender com as respostas maravilhosas que obterá."

"Lá vem você novamente. Sempre fazendo afirmações de múltiplos sentidos, Gideon. Senti a sua falta e gostaria de vê-lo com mais freqüência. A propósito, as crianças poderiam vê-lo caso estivessem neste cômodo? Você se lembra de que naquela época só eu podia vê-lo?"

"Só quando for necessário", respondeu ele, levantando-se da cadeira. "Elas terminarão por me ver. E outras pessoas também, quando for apropriado."

"Quando voltaremos a nos ver?", perguntei, relutando em deixá-lo partir. Havia muito a discutir. Por exemplo, eu queria uma explicação do fato de Mardai ter falecido tão jovem.

"Mais cedo do que você pensa, John", disse ele. E, como se a idéia lhe ocorresse naquele momento, acrescentou: "Naturalmente, você vai entender mais sobre a morte de sua esposa e sobre o seu futuro trabalho, que na verdade já começou".

Gideon aproximou-se de mim, apertou a minha mão e dirigiu-se para a porta. Eu o acompanhei e, quando entrou no carro, ele acenou. Tudo aquilo tinha a atmosfera de um sonho. Lá estava ele outra vez, e mesmo assim eu me mostrava calmo como se fosse muito normal que os Gideons deste mundo aparecessem na nossa vida e dela desaparecessem sem mais aquela. Pude ouvir passos e percebi que as crianças tinham acordado e logo viriam tomar café. Imaginei o que diriam se viessem a conhecer Gideon. Eu ficaria sabendo de maneira estranha, uma hora depois.

Capítulo 4

Para onde vai a borboleta?

Malika desceu primeiro. Como era o costume na família, ela foi até onde eu estava, deu-me um beijo de bom-dia e sentou-se à mesa da cozinha. Jonathan veio logo em seguida. Havia o brilho costumeiro nos seus olhos quando ele sorriu.

"Olá, papai. Tinha alguém aqui? Pensei que tivesse ouvido vozes."

"Ah, só alguém de passagem", respondi.

"O que disse que você ganhou uma coleção?", ele perguntou.

Atônito, falei: "Quem lhe disse isso?"

"Não tenho certeza", disse ele. "Eu sonhei ontem à noite e mamãe me disse no sonho que um homem vinha ver você e lhe trazer uma enciclopédia. Parecia tão real!"

Malika estivera quieta, ouvindo a nossa conversa. Nesse ponto, ela resolveu participar. "Papai", disse ela, "você lembra do homem chamado Gideon? Você costumava falar sobre ele. Bem, eu também sonhei. Com Gideon."

"O que você sonhou, meu bem?", perguntei.

"Olha, não tem muito sentido, papai. Acho que era alguma coisa sobre livros", disse ela.

"Conte-me mesmo assim", repliquei.

"Está bem, mas não acho importante. Jonathan e eu estávamos brincando nos balanços da nossa antiga casa perto da Big City. Esse homem apareceu e disse que o seu nome era Gideon e que ele visitaria você e o ajudaria com os seus problemas. Disse também que você estava muito cansado, mas que tudo isso logo iria mudar. Ele iria lhe trazer uns livros e queria que lhe disséssemos."

"Sonhos", resmunguei. Agora os meus filhos sonhavam com Gideon — e no mesmo dia em que eu o vira. Para muitas pessoas, a vida parece um tanto confusa. No tocante a isso, eu não era exceção. Embora muito feliz por rever Gideon, eu estava atônito com os sonhos das crianças. Eu desconfiava que até os meus filhos estavam tentando me transmitir mensagens confortadoras.

Deixei de lado por algum tempo os pensamentos sobre Gideon e nos dedicamos a saborear o nosso café da manhã. Seguiu-se, até o anoitecer, um dia cheio. As crianças subiram depois do jantar e me deixaram a sós com os meus pensamentos. Sentado na varanda dos fundos, de frente para as árvores, fiquei fruindo os sons dos diminutos pássaros em sua tarefa de ir aos comedouros, comer e sair deles.

Era uma noite agradável, nem muito quente nem muito fria. Uma brisa suave trazia uma calma paz ao ambiente, e as estrelas brilhavam no céu. Ao longe, acima das árvores, umas poucas nuvens iam preguiçosamente para casa. "Para casa?", pensei. "Para onde vão as nuvens quando voltam para casa?" Dado por vezes a filosofar, prossegui: quando vão para casa, as nuvens se dirigem para os oceanos do mundo. Elas formam uma unidade com aquilo que sempre foram. Ao que parece, uma nuvem é um oceano expressando-se de outra maneira. Talvez eu também tenha vindo de um oceano do ser e me expresse como John. A nuvem apenas muda de forma. Ela nunca morre; apenas muda. Ela pode desaparecer por algum tempo, somente para reaparecer com uma forma diferente num outro tempo e lugar.

Esses devaneios me levaram a pensar em Mardai. Para onde fora ela depois de sua transição? Considero-me uma pessoa de mente aberta e até um pouco iluminada. Contudo, há momentos em que me aflijo muito e desejo de fato fazer essas perguntas. Ela foi chamada ou partiu por sua própria vontade? Todos sabemos para onde vai a lagarta. Ela sai de si mesma para tornar-se uma borboleta. Mas quem sabe para onde vai a borboleta?

Como sabia bem dentro do meu coração e da minha mente que a vida é muito mais do que aparenta, senti uma força e uma orientação interiores. Eu tinha sido capaz de resistir aos devastadores golpes do mundo dos negócios. Pudera sobreviver à perda aparente, sempre sabendo que, na realidade, nunca se perde. Em algum nível não muito evidente para mim, eu aceitava todas as dificuldades como desafios.

Então, veio uma voz da escuridão. Uma voz doce e amorosa, que não era alta demais nem demasiado suave. Ela dizia: "John, é sendo uma lagarta que você se torna borboleta". Olhei ao redor e não vi ninguém. A voz, no entanto, prosseguiu: "E é sendo a borboleta que você fica sabendo para onde vai a borboleta".

Levantei-me e perscrutei entre as árvores. Mas, dessa vez, a escuridão chegara. Fiquei atônito com aquela voz, e comecei a pensar que estava imaginando respostas para as minhas perguntas; de súbito, vi um diminuto ponto de luz movendo-se no escuro. "Vaga-lumes", falei, enquanto a luz ia se tornando cada vez mais brilhante. "Na verdade, um bando de vaga-lumes." Eu sabia que esses insetos não voavam em grupo, mas fiquei ali, fascinado com o espetáculo. Por estranho que pareça, eu não estava excitado nem apreensivo enquanto o brilho continuava. A essa altura, ele já alcançara a intensidade da luz de uma lanterna. E a luz parou e eu não tirava os olhos dela.

Tudo deve ter durado uns segundos, mas pareceu-me uma eternidade aquele banho de esplendor advindo de um fenômeno do outro mundo. De repente, tal como surgira, o ponto de luz desapareceu. Num momento estava ali; um instante depois, sumira. Ouvi passos vindo da escuridão, e, quando me virei na direção do som, surgiu Gideon.

"Aposto que você não esperava me ver tão cedo", anunciou ele.

"Você precisa parar de fazer essas coisas, Gideon", falei, depois de recuperar o fôlego.

"Você está falando da luz?", perguntou ele, com um quê de inocência.

"Não só a luz como a voz e seu súbito aparecimento", repliquei. Ele tinha o hábito de aparecer instantaneamente nos momentos mais estranhos.

"Bem. Eu tinha certeza de que você já se acostumara com essas coisas. Posso entrar e tomar café?", disse ele.

"As crianças estão lá em cima às voltas com jogos eletrônicos. E se descerem e virem você?", perguntei.

"Não se preocupe com isso, John. Elas já me conhecem. Elas não lhe falaram sobre os sonhos?"

"Ah, então é isso! Eis por que elas me falaram dos sonhos e dos livros hoje de manhã. Já não me surpreendo com quase nada que você faz. A propósito, velho amigo, onde está a enciclopédia grátis que você disse que eu ganhei?"

O rosto de Gideon se iluminou. Pelo que eu sabia a seu respeito, ele raramente ficava excitado com alguma coisa — se é que ficava. Dessa vez, ele traiu um surto de emoção ao dizer: "Alegro-me por você ter mencionado os livros. Você vai recebê-los dentro em breve. Quanto às crianças, o que elas entendem vai muito além do crédito que lhes damos. Agora podemos entrar e tomar café?"

Olhei para Gideon por sobre uma xícara de café. Ainda a mesma barba e os mesmos olhos. Aquele momento parecia o passado. Eu estava totalmente determinado a obter respostas para as perguntas que me vinham intrigando há algum tempo. Ele ficou quieto por um instante, como se pensasse no que ia dizer. Quebrei o silêncio. "Gideon, que é feito de Marla? Ela também vai me ajudar? Ela ainda trabalha na sua empresa?"

"Sim. Você vai encontrá-la de novo. No momento, ela tem outras obrigações a cumprir. Mas ela vai explicar o que faz quando o encontrar."

"Quando vai ser isso?"

"Cada coisa a seu tempo", foi tudo o que ele disse.

"Você se lembra daquela ocasião, há anos, em que estávamos naquela festa especial? Tive a impressão de que encontrávamos pessoas de diferentes épocas e lugares. Lembra-se de que parecíamos recuar no tempo? Você se recorda de todas essas coisas?"

"Naturalmente, John. É você quem se esquece com muita rapidez. Houve situações que você mesmo considerou milagres, mas mesmo assim não se lembra delas. Esperava-se que você se recordasse dessas coisas e extraísse força do que viu e ouviu." Sua voz ficou mais intensa, e ele continuou: "Por vezes, as pessoas vêem a Lua ficar azul ou alguém caminhar sobre a água ou sobre o fogo e dizem:

'Espantoso!'. Mas, mesmo assim, logo se esquecem. Há uma tendência a só se lembrar das coisas ruins e de descartar as boas, ficar preso aos problemas da vida em vez de apegar-se às alegrias do viver".

"Gideon, se é assim, não vamos perder tempo. Por que estamos discutindo essas coisas? Por que não passamos a questões mais práticas? Eu por certo apreciaria alguns conselhos acerca da minha situação pessoal, das minhas finanças, por exemplo."

"Em primeiro lugar, você não poderia perder tempo, por mais que tentasse. Na verdade, o tempo vai consumi-lo se você não o empregar adequadamente. E quanto aos conselhos sobre questões práticas como as finanças e outros assuntos aparentemente mundanos, devo garantir-lhe que eles advêm das partes mais profundas do seu ser. Elas não passam de reflexo dos lugares em que você esteve e de quem você é. Conserte antes de tudo os processos interiores, e todas as coisas mundanas exteriores irão para o seu lugar."

"Compreendo tudo isso. 'Considere-se Rico e Seja Rico', 'Você Cria a Sua Própria Realidade', 'Você É o Que Você Pensa' e dezenas de outras coisas. São de fato belas palavras, mas pô-las em prática na vida costuma ser mais fácil de dizer do que de fazer."

"Mas *pode* ser feito e é feito por muitas pessoas na Terra hoje. É somente uma questão de seguir algumas regras simples."

"Gideon", terminei por dizer, "na verdade, hoje não estou interessado em filosofia nem em conceitos. Como exercício mental, imagino que isso possa ser divertido. Mas preocupo-me mais com os aspectos práticos da vida cotidiana, e não com conceitos abstratos."

"Eis por que estou aqui", disse ele, tirando do bolso uma caderneta preta. "Vamos ver o que temos. Sim, a agenda diz que vamos voltar a nos ver logo. Talvez nessa ocasião você venha a entender mais."

"Ouça, Gideon. Gosto de você e o admiro, mas estou cansado de gastar o meu tempo com coisas esotéricas. Não é você que tem de criar dois filhos ao mesmo tempo que ganha a vida."

"Para começar, você não deveria gastar tempo, mas apenas pensamentos. Por outro lado, você não cria os filhos. Eles não são plantas nem gado. Você precisa apenas amá-los, ensiná-los e orientá-los pelo exemplo. Falaremos disso mais tarde. Agora tenho de ir."

Gideon sorriu e se encaminhou para a porta. Ao abri-la e sair, disse: "Até breve". E se foi. Voltei à mesa e terminei o meu café. Então subi as escadas para ver o que as crianças estavam fazendo.

Capítulo 5

A transformação

A manhã de domingo chegou, e Gideon tornou-se por algum tempo uma lembrança, enquanto eu me ocupava com as tarefas corriqueiras do cotidiano. Mais tarde, fui fazer uma caminhada, e fiquei pensando nos últimos dias, nos comentários de Gideon acerca de como estamos quase sempre esquecendo as coisas boas e nos recordando das ruins. Parecia o oposto do que os psicólogos costumam dizer. Foi-me ensinado que tendemos a nos esquecer das nossas experiências desagradáveis e a nos lembrar das boas. Contudo, quantos de nós sempre têm como foco aquilo que poderíamos ter sido, aquilo que nos escapou ou os nossos fracassos, e não as nossas realizações.

Eu aprendera muito com Gideon, e pusera pouquíssima coisa em uso. Eu também era culpado de não enumerar as minhas bênçãos. De acordo com ele, nossa realidade é qualquer coisa que prenda a nossa atenção. Era possível que o fato de eu me preocupar tanto com as dificuldades do passado me impedisse de perceber o que elas realmente significavam. Resolvi então, naquele momento e naquele lugar, fazer o máximo para mudar a minha maneira de encarar as coisas.

De repente, como num estalo, eu compreendi tudo. Eu estava bem. As crianças não tinham problemas. Todos tínhamos saúde e no passado sempre houvera dinheiro suficiente para irmos em frente. Malika e Jonathan iam muito bem na escola. Eu mudara totalmente de direção na vida profissional, e agora tentava publicar artigos em revistas, fazer palestras e consultoria. Eu até publicara um livro e estava escrevendo outros. Ninguém me tomara o carro, a hipoteca estava em dia, meus novos amigos me davam um enorme apoio e até os parentes pareciam menos incômodos do que antes. Na verdade, as coisas iam muito bem, com a promessa de ficarem ainda melhores.

Por que então eu me preocupava tanto com tudo? Um amigo me dissera uma vez que eu parecia ter esquecido o que significa ser feliz. E agora, enquanto eu ponderava todos esses pensamentos, tornou-se claro para mim que o preocupar-se é um hábito e, pelo mesmo raciocínio, ser feliz também o é. Trata-se apenas de uma questão de escolha. Não são as experiências pelas quais passamos na vida que criam as nossas emoções. Em vez disso, estas últimas têm muita relação com a criação das nossas experiências.

Ali estava eu, pondo a carroça na frente do cavalo. Comecei a me lembrar de algumas das regras simples de que Gideon me recordara: viver um dia de cada vez; fazer o melhor com aquilo que se tem; amar e ajudar o próximo. Recordando-me disso, vi-me profundamente enlevado. A alegria dessas lembranças produzira na minha mente considerável excitação e, antes de eu me dar conta, tudo me pareceu bem com o mundo. Era como se eu tivesse acabado de tirar os óculos escuros e passasse então a ver as coisas com clareza. Eu estivera vivendo no passado, e, na verdade, minha vida presente não estava sendo nada brilhante.

Continuei a caminhar, vendo coisas de cuja presença não me apercebera antes. As árvores pareciam estar mais vivas, as flores, mais belas; e eu me dava conta de borboletas voejando à minha volta. Um motorista que passava me acenou e sorriu. Peguei uma pinha e a atirei, com prazer incontido, num poste — algo que há anos não fazia. Senti-me vibrante e em sintonia com o mundo.

Cheguei ao ponto a partir do qual eu costumava tomar o caminho de volta para casa. Deixei-me ficar parado ali por algum tempo, olhando para o céu. Observei que este estava muito azul e belo, com nuvens correndo umas atrás das outras na abóbada celeste. O vento apostava corridas na grama em crescimento e eu ouvia, a distância, um cão latir. Ali estava eu, no centro de um mundo todo novo que na realidade nada tinha de novo. Olhei para as minhas mãos e os meus pés, senti o suor na fronte e percebi que todo o meu ser era somente uma parte do esquema universal das coisas. Havia ordem no mundo e no universo, e embora por vezes a ordem pudesse ser disfarçada pelas pressões da vida diária, nem por isso deixava de estar presente — de maneira gloriosa — em todos os momentos da nossa vida.

As preocupações tinham se dissipado quando comecei a voltar. Havia música no ar e eu era parte daquilo. Espera-se que a vida seja prazer, e não sofrimento. Concentre-se no sofrimento e tudo o que você vai conseguir será mais sofrimento. Esteja vivo a vida toda, por estranho que isso pareça, e você vai ver que o planeta Terra pode ser uma adorável aventura. Passei muitos anos tão preocupado com o dinheiro, as doenças, a família e tantas outras coisas que perdera de vista alguns dos mais importantes aspectos da vida — a alegria, a paz, a calma e a compreensão.

Principiava a surgir em mim uma sensação de embaraço por saber tanto e fazer tão pouco. Como poderia eu, que aprendera lições tão valiosas de vida com Gideon, não dar a esse conhecimento um uso prático? Entretanto, auto-recriminar-se é tão perigoso quanto a depressão crônica. Trata-se de uma atitude que cria culpa, e a culpa é talvez um dos mais mortais inimigos da humanidade. Sua única mensagem é: "Você não merece; você não merece". Sentir culpa com relação ao passado nos impõe limitações, evitando que recebamos livremente as boas coisas da vida.

Sim, eu me sentia um tanto culpado por não ter praticado o que pregava. Afirma-se que certa feita alguém perguntou a Sócrates por que ele havia feito alguma coisa estúpida, e ele respondeu que, quando começara, ela tinha sentido. Não importa o que fizemos no passado; fizemo-lo porque na época fazia sentido. Da perspectiva do presente, as coisas feitas podem parecer extremamente tolas, mas o objetivo é aprender com os nossos erros e seguir em frente, resolvendo agir melhor da próxima vez. Um dos nossos maiores erros é achar que temos pouco valor.

Parecia que a volta para casa duraria para sempre. Eu não tinha pressa, dedicando-me a aproveitar o momento. Havia paz no meu coração, e eu desfrutava, como nunca antes, a alegria de viver. O som de passos às minhas costas fez que eu me virasse. Vi o meu amigo Gideon aproximar-se com um sorriso amplo como o horizonte.

"O que você faz aqui?", perguntei-lhe quando ele se pôs ao meu lado.

"É uma bela manhã e eu apenas queria lhe fazer companhia por algum tempo", respondeu ele.

Entendi que ele desejava falar comigo. "Bem", falei, "que boa tarefa você tem para mim hoje?"

"Antes de tudo, parabéns pelas suas descobertas desta manhã. Eu planejava não vê-lo por algum tempo, mas a energia gerada pelos seus pensamentos fez-me querer rejubilar-me com você."

"O que você quer dizer com isso?", perguntei, um tanto surpreso.

"Caminhar é um bom exercício, mas é muito mais do que isso. Traz benefícios para o corpo e, além disso, tem um enorme impacto sobre a mente e o espírito. A natureza é uma grande curadora e mestra. Ficando com as árvores e as nuvens, você foi capaz, em seus momentos de calma e de reflexão, de ter uma amostra do que queremos dizer quando nos referimos a 'formar unidade com Tudo O Que Existe'. Você descobriu, num curto espaço de tempo, o que esteve tentando recuperar e entender durante anos." Ele sorriu. "Ontem, se você se lembra, você estava aflito e preocupado com muitas situações da sua vida. Toda a nossa conversa girou em torno do que lhe acontecera e do seu imenso desejo de melhorar a parte que lhe cabe na vida. Você tocava fitas velhas, e o som do passado o impedia de ouvir a música do presente. Você estava tão concentrado na questão de ganhar a vida que não podia ver como construir uma vida. Hoje as coisas mudaram."

Embora eu soubesse que ele falava da minha mudança de percepção, eu ainda queria ouvi-lo explicar, como se ouvindo as suas palavras eu fosse confirmar ainda mais o que já sabia. Demos uma parada e nos sentamos num banco sob uma árvore. Escutei, enquanto ele prosseguia, com voz pausada: "Veja, John. Quando parou de se preocupar com as suas dificuldades, você extraiu energia delas. Ao mesmo tempo, transferiu o seu foco de atenção para as coisas que iam dando certo para você. Ao fazê-lo, modificou o seu modo de encarar o mundo. Sempre que mudamos a maneira de considerar os problemas, os próprios problemas começam a mudar".

"Mas eu sei tudo isso, Gideon", protestei. "Conheço o ditado 'modifique os seus pensamentos, e terá mudado o seu mundo', e tudo o que o acompanha. Meu problema é o porquê de eu ter levado tanto tempo para ver as coisas de modo diferente."

"É claro que você sabe", ele replicou. "A maioria das pessoas sabe, mas sabem na cabeça, e não no coração. Saber assim não é conhecer as coisas de fato. Você apenas se dera conta dessas coisas. Hoje a sua percepção assumiu de modo concreto o aspecto de conhecimento. Mais um vez, permita-me enfatizar que a percepção vem da cabeça, e o sentimento, do coração. Quando *conhece* de fato uma coisa, você a sente de maneira profunda. Eis por que demorou tanto tempo para isso acontecer: faz parte de sua natureza submeter a teste várias possibilidades até deparar com aquela que funciona verdadeiramente para você. Algumas pessoas fazem isso com rapidez e outras precisam de mais tempo."

"Por todos esses anos, Gideon, vivi à margem da vida, como o filho pródigo proverbial num país muito distante. Estive partilhando das migalhas que caem da mesa em vez de perceber que a mesa fora posta para mim. Hoje é diferente. Voltei do país distante. Estou em casa."

Ele respondeu: "Mas você nunca esteve num país distante, John. Você não saiu daqui. Aonde quer que vá, você sempre está aqui. Tudo o que tem a fazer é se dar conta disso e fazer o melhor que pode com o que tiver à mão. Eis um dos grandes segredos da vida: viva jubilosamente no momento presente. Como diria o mestre zen: 'Quando trabalhar, trabalhe; quando se divertir, divirta-se'. Faça o que fizer, faça-o com o coração jubiloso".

Eu me sentia muito bem por estar ali. Levantei-me e me espreguicei. Todo o meu ser parecia pleno de uma nova energia. Gideon estava sentado ali, observando-me com uma expressão de agrado.

"Vamos apostar corrida até a casa", gritei, disparando. Minutos depois, chegando ofegante aos degraus, olhei para trás em busca de Gideon, mas não pude vê-lo. Talvez ele ainda estivesse sentado no banco. Ouvi então uns ruídos, e lá estava ele na varanda, sentado bem calmamente, com uma rosa na mão direita.

"Como você chegou aqui antes de mim?", perguntei. "Não percebi a sua passagem."

Ele sorriu e respondeu: "Há maneiras melhores de chegar aos lugares do que correr ou disparar a toda. Você se lembra? Eu nunca saí daqui. Nem você". Ele se levantou, deu-me a rosa, se despediu e foi embora. Fiquei ali vendo-o partir.

Capítulo 6

Mais leve do que uma pena

Depois da última vez que vi Gideon, passaram-se semanas. Mal tive tempo para sentir a sua falta; além disso, eu sabia que ele logo iria aparecer de novo. Enquanto ele não aparecia, eu me ocupava em fazer uso da minha nova percepção. No decorrer desse período, muitos foram os momentos em que raciocinei que iria mudar o meu mundo e a mim mesmo de uma vez por todas. Mas tiveram a mesma freqüência os momentos em que perdi o rumo. Ou era distraído por eventos que se me afiguravam muito importantes ou simplesmente desistia depois de uma explosão inicial de entusiasmo.

Ao que parece, o segredo reside na capacidade de nos atermos às tarefas que realizamos e de as levarmos até o fim, apesar dos obstáculos. Também é necessário ser delicado consigo mesmo. Eu sabia que cedo ou tarde depararia com um problema que me daria uma excelente oportunidade de praticar o que eu aprendera com Gideon. Eu estava ficando cansado de reagir às circunstâncias em vez de responder a elas, distinção sutil mas muito importante. Quando se reage, fica-se escravo dos eventos e circunstâncias; quando se responde, controlamos esses mesmos eventos e circunstâncias.

Não tive de esperar muito o surgimento dessa oportunidade. De modo geral, o problema maior não está nos grandes testes. É a acumulação de muitas pequenas contrariedades que, na maioria das vezes, torna a vida péssima. Naquele dia, eu devo ter ordenado a todas as pequenas irritações que se apresentassem ao trabalho. Devo tê-lo feito no nível subconsciente, pois eu senti que seria totalmente idiota desejar em sã consciência semelhante coisa.

Seja como for, eu precisava ir ao supermercado. Mesmo com a ajuda de listas de compras e com o planejamento adequado, acabo indo ao supermercado bem mais do que é necessário. Quando entrei no estacionamento, uma velha picape me ultrapassou e tomou a vaga que eu iria ocupar. Mas encontrei outra vaga e estacionei. Saí, fechei o carro e comecei a andar para a porta da loja. Uma súbita buzinada e o som de pneus chiando me fez pular para me livrar de um carro que ia rápido demais. A essa altura, eu já estava, para dizer o mínimo, um pouco agitado.

Pegar uns poucos itens no supermercado deveria ser uma coisa simples, o que hoje não corresponde à verdade. Uma compradora descuidada que vinha em disparada pelos corredores bateu o seu carrinho no meu. Isso me fez bater numa pilha de latas, que se espalharam em todas as direções. Desequilibrado, caí sobre uma parte bem macia da minha anatomia. Olhando para cima, vi várias pessoas que tinham ido ver se eu precisava de ajuda. Pedi desculpas, levantei-me e fui andando como se nada tivesse acontecido. Dei um meio-sorriso aos curiosos, mas por dentro estava uma caldeira fervente.

Por fim, no caixa, senti que estava a salvo. Mas até ali havia problemas. Um dos produtos estava sem a etiqueta. Por isso, a fila inteira parou, enquanto alguém ia conferir o preço. Outros consumidores impacientes olhavam para mim como se eu fosse o único responsável pelo atraso. Terminaram por verificar o preço; paguei e saí. Com um último esforço para ficar calmo, voltei ao carro; descobri então que, na pressa, trancara as chaves no seu interior.

A essa altura, eu perdera todo o desejo de manter a calma e o controle. Um adesivo num carro próximo ao meu resumia meus reais sentimentos: *Paciência uma ova... Eu quero matar alguém*. Pondo minhas compras sobre o capô, tive ganas de gritar. Eu tinha uma duplicata da chave em casa. Pensei que deveria haver um meio melhor. Foi então que, num relance, eu entendi. Eu estivera reagindo a todos os eventos ruins que ocorriam. Tudo o que eu precisava era responder a eles de maneira mais iluminada. Eu me esquecera da minha resolução de resolver meus problemas num nível diferente.

Com que rapidez nos esquecemos dos nossos momentos de glória, da alegria do nosso ser! Com que facilidade nos deixamos aprisionar pelo turbilhão da vida! Quão natural nos parece reagir com raiva, com impaciência, com ressentimento e com frustração quando as coisas parecem estar fora do nosso controle! É precisamente nesses momentos que temos necessidade de perceber que estamos no meio de um drama que nós mesmos escrevemos. Somos o ator, o diretor, o autor e o próprio drama. As razões que nos levam a isso são sobremodo pessoais e estão enterradas nas profundezas do nosso ser. Nem mesmo nós conseguimos atinar com o motivo de nos submetermos a provas tão difíceis.

Certa vez, quando eu estava passando por um momento extremamente difícil, um amigo me dissera: "É só um teste, John. Isso vai passar".

"Só um teste?", gritei, irado. "Só um teste? Estou farto de ser testado! Não quero testes!"

Deve-se entender que eu não estava, no supermercado, diante de problemas de crucial importância. Não havia decisões de vida ou morte a tomar. Tratava-se somente de uma situação irritante provocada por vários problemas corriqueiros. Contudo, para minha humilhação, qualquer pessoa diria que todo o meu mundo estava ruindo, à beira do colapso total. Vendo isso, decidi lidar com a situação de uma maneira mais inteligente.

Respirei fundo enquanto olhava a chave dentro do carro. De repente, ouvi o suave ronronar de um gato. Virei-me e ali estava, me olhando perto da porta traseira do carro, o gatinho mais belo que eu já vira. O animal parecia tão saudável e bem-cuidado que eu tinha a certeza de que ele não estava perdido. Chamei-o, e ele veio na minha direção. Enquanto o pegava, fiquei imaginando que devia devolvê-lo ao dono. Mas não havia ninguém à vista que parecesse ter perdido um gato. Uma profunda calma parecia me envolver quando falei com o gatinho. Eu me concentrava agora no problema do animal, e não no meu, e a simples mudança de pensamento fizera com que eu me sentisse melhor. Contudo, as chaves do carro continuavam trancadas lá dentro.

Percebi como ficara irritado. As pessoas e eventos que tinham me irritado antes já eram águas passadas. O fato de eu me lembrar dessas coisas é que me levava a me sentir mal. Dificilmente tranco as chaves dentro do carro. Isso não ocorrera por acaso; não existem eventos fortuitos. Mas agora eu tinha de fazer alguma coisa. Coloquei delicadamente o gato sobre o capô e experimentei a porta outra vez. Nada aconteceu. Encostei-me na porta, fechei os olhos por alguns segundos e me imaginei dirigindo de volta para casa. Idéias passavam pela minha mente. Veio-me uma ridícula tentação de experimentar de novo a porta. Virei-me para olhar o gatinho, e lá estava ele, me encarando com toda a calma.

Experimentei a porta mais uma vez, mas ainda não tive sorte. Dirijo um carro de quatro portas. A chave elétrica trava todas as portas ao mesmo tempo; logo, era inútil experimentar as outras portas. Mesmo assim tentei, mas foi em vão. Eu já ia chamar um táxi para me levar para casa a fim de pegar a duplicata quando o gato pulou do capô e correu para baixo do carro.

"Você vai se matar", reclamei. "Volte para cá."

Ele voltou calmamente. Levantei-o e ralhei com ele, dizendo: "Vou ter de deixar você preso dentro do carro até o seu dono aparecer", sem pensar no que dizia. Mas, ao mesmo tempo, para mostrar que falava a sério, estendi a mão e levantei a maçaneta. Ouvi um ruído, e a porta se abriu. Fiquei ali parado, com a boca tão aberta quanto a porta. Eu a experimentara tantas vezes! Coloquei o gatinho no banco de trás enquanto tirava os pacotes de cima do capô. Quando me virei, o animal desaparecera. Procurei em toda parte, mas não consegui encontrá-lo. Talvez tivesse voltado para o dono. Dei um suspiro de alívio.

Consegui por fim entrar e dar partida no carro. Que estranho a porta ter-se aberto daquela maneira! Imaginei que devia ser algum defeito no mecanismo de trava. Quando ia embora, ouvi uma batida na janela do passageiro. Antes de eu poder ver quem era, a porta se abriu e um rosto sorridente surgiu.

"Posso acompanhá-lo?", perguntou a pessoa, com toda a seriedade.

"Oh! É você, Gideon. Você deveria ter chegado antes."

Sem dar uma resposta imediata, ele se sentou no banco do passageiro e me fez sinal para dirigir. Enquanto eu tirava o carro do estacionamento, ele perguntou: "E o meu amiguinho? Não era bonito?"

"Que amiguinho?", perguntei.

"O gato — aquele que entrou debaixo do carro."

"Gideon, era você o tempo todo? Aquele era o seu gato?"

"Não, não. É apenas um amigo meu, que, ao seu modo, o levou a encontrar uma solução para o problema da porta."

"Fale-me sobre isso, Gideon. Estou escutando."

"Pense um pouco e você vai ver como é muito melhor e mais fácil solucionar problemas dessa maneira. Tudo o que se tem a fazer é mudar o modo de encarar o problema. Considere-o de outra forma e ele vai começar a se modificar. As coisas passam a ser como você acha que elas são."

"Não me venha com essa, Gideon. Eu não esperava que a porta estivesse trancada, mas mesmo assim ela estava. Lá se foi a sua teoria."

Ele me lançou o olhar que o mestre dirige ao aluno de raciocínio lento — não com raiva nem frustração, mas com imensa paciência. Então disse: "Há uma lei, uma lei universal, John, que determina que conseguimos da vida o que dela esperamos. Ao ver o gato, você modificou o centro dos seus pensamentos, retirando-o do problema da porta. E o problema se resolveu por si mesmo. Eis o segredo da solução de problemas: retire deles o foco da sua atenção, e a questão fica livre para se ajeitar por si. O resultado é às vezes surpreendente".

Voltei à pergunta anterior, que ele não respondera. "Gideon, você estava no estacionamento? Teve alguma relação com tudo aquilo?"

Ele respondeu: "Não, John. Dessa vez eu era apenas um observador. A porta fechada deixou de ser um problema assim que você percebeu que controlava a situação. Eu simplesmente encarava as coisas da perspectiva de um gato e me divertindo muito".

"A perspectiva de um gato?", encarei-o interrogativamente.

"Sim, sim. O gato. Compartilhamos experiências por um curto período. Todos podem fazer isso. É uma mera questão de foco e de um pouco de prática."

"Interessante. Meu amigo Gideon se transforma em gato."

Ele voltou a me lançar o olhar tolerante do mestre enquanto continuava a falar como se não tivesse ouvido as minhas palavras.

"Trata-se apenas de diferentes formas de vida que trabalham umas com as outras. Amor e cooperação. Respeito e ajuda mútua. Alguns povos antigos da Terra usavam constantemente essa capacidade. Você encontra isso nas lendas dos povos que habitaram este país séculos atrás. Ela existe, numa certa medida, entre os aborígenes da Austrália. Mesmo na Terra do século XX há muitas pessoas que ainda se lembram de como fazê-lo. Determinação e prática: eis tudo o que é necessário."

"E qual o propósito útil disso, Gideon?", perguntei.

"Pense bem, John. Você pode trocar informações sobre muitas coisas. Aprender com o outro e permitir que ele aprenda com você. O homem antigo conseguia encontrar água e comida com a ajuda de animais amigos. O homem moderno poderia encontrar a paz e o júbilo por meio dessas comunicações. Tudo tem ligação com tudo. Os seus cientistas estão começando a descobrir isso."

A essa altura, aproximávamo-nos da minha casa. Entrei com o carro na garagem pensando que a vida é, afinal de contas, um passeio turístico com guia pelo cosmos. Num pequeno recanto do universo, eu estava sentado na minha cápsula do "espaço-tempo", vendo apenas diminutas partes do projeto maior. Em algum ponto do tempo eu perdera o meu mapa e sequer podia encontrar o meu guia. Desliguei o motor, e fiquei com Gideon sentado ali um pouco mais.

Como se lesse os meus pensamentos, ele disse: "Você nunca perdeu o mapa, e o seu guia nunca o abandonou. O problema está no fato de que, na vida da Terra, você e milhões de outras pessoas são enganadas pelas aparências. Você se esquece de que participa da encenação de um drama de sua autoria. Você se tornou prisioneiro do quadro que criou, John. O começo de suas preocupações é o momento em que você se sente impotente no seu próprio espetáculo. Seu júbilo e sua glória têm início quando você se dá conta de que tudo o que tem a fazer é mudar de perspectiva. Pratique a redução do apego em demasia aos seus problemas. Você vai ver que eles logo desaparecem".

"Gideon, por que você não entra e conhece as crianças? Elas com certeza vão gostar de você."

Ele replicou: "Não desta vez. Mas vou vê-las brevemente".

"Quando vou rever você? Como você pode ver, ainda há muita coisa que devo aprender, e você é de fato um excelente professor."

"Não se torne dependente do professor, John. Você é o seu melhor mestre. Mantenha a perspectiva e continue a aprender. Devo partir, pois prometi tomar chá com Marla."

"Cumprimente-a por mim."

"Farei isso, e tenho certeza de que ela gostaria de vê-lo outra vez. Talvez combinemos jantar juntos um dia destes." Com isso, ele abriu a porta, saiu e foi-se embora. Sim, a vida é mais leve do que uma pena, mas viver às vezes é mais pesado do que uma montanha.

Capítulo 7

A manhã só veio depois de uma longa noite

É sempre atraente observar a descoberta ou redescoberta da verdade. A pessoa que descobre fica quase sempre atônita e assoberbada. Pode até parecer que a verdade foi revelada exclusivamente em seu benefício. Então, com a passagem do tempo, tudo retorna ao seu estado comum. Contudo, tendo tocado ou sentido as possibilidades que estão além do comum, a pessoa dificilmente permanece tal como era antes.

Assim aconteceu com Gideon e eu. Uma amizade íntima, uma camaradagem espiritual desenvolveu-se entre nós. As coisas que ele me ensinava faziam sentido para o meu coração, mas não para a minha mente. Houve momentos, porém, em que as trevas toldaram todas as coisas e eu não pude entender coisa alguma. Era então que eu ouvia sua voz citando uma bela frase: "A manhã só veio depois de uma longa noite, mas como a sua vinda é certa!"

Não é o Sol que cria a escuridão, e sim a Terra, ao afastar a sua face do Sol. Mas a escuridão nunca dura; o Sol continua no seu lugar, cabendo a nós retornar a ele. Não é Deus que nos manda tempos sombrios; somos nós que os atraímos, com vistas a propósitos que nem nós sabemos quais são. Sempre que há sombras à nossa frente, a causa reside no fato de estarmos de costas para a luz. Para fazer com que as sombras desapareçam, temos de nos virar e olhar a luz de frente.

Sou, de modo geral, uma pessoa voltada para as coisas práticas. Para ter efeito em mim, uma filosofia, uma religião, um modo de vida têm de ser extraordinariamente práticos. Não me falem de um futuro glorioso no fim deste mundo quando me encontro enfrentando dificuldades no momento presente. Quero que a minha filosofia ou religião me mostre como sair das trevas para a luz, e que o caminho possa ser trilhado por qualquer pessoa. Do contrário, afastem de mim suas pregações e dogmas e deixem-me trilhar a sós o meu caminho.

Ao considerar essas coisas, percebi como Gideon vinha sendo útil e prático. Ele estava tentando me mostrar o caminho para uma vida mais gloriosa. Seu método de ensino era a própria simplicidade. A sua era uma vida de amor e de compreensão e, como eu sentia o seu cuidado, eu respondia aprendendo muitas lições com extrema rapidez. Ele usava exemplos da vida cotidiana, transmitindo-me, a um só tempo, não apenas conhecimento como também compreensão.

Lembro-me de ter passado de carro, com Gideon, por uma superauto-estrada. Era um belo dia e tudo parecia correr bem. Como sempre, eu questionava Gideon acerca das minhas preocupações. "Qual o sentido da vida, Gideon?", perguntei, principalmente para embaraçá-lo.

"A vida não tem sentido, John."

"Não tem sentido?", eu estava chocado.

"A vida não tem sentido. *Você* tem sentido. *Você* dá sentido à vida", foi a sua resposta tranqüila.

Mais ou menos nesse momento, ouvimos o som de pneus chiando e de uma buzina. Agi rápido quando um carro esporte verde apareceu na minha frente sem sequer ter feito um sinal. Fiquei oscilando para lá e para cá, perturbando o fluxo sincronizado de tráfego que existira na última meia hora. Fiquei visivelmente abalado. "Idiota!", gritei. "Ele podia ter causado um acidente. Veja como ele acelera, Gideon! Ele ainda pode provocar um desastre."

"Ele com certeza tem pressa, John", disse Gideon.

"Como você pode ficar sentado aí com toda essa calma? O motorista quase nos tirou da estrada! Poderíamos ter sofrido um acidente horrível. O que você acha disso?"

"Os 'poderia ter' não contam. Não importa o que poderia ter acontecido. O importante é somente o que está acontecendo. Ouça, acalme-se e continue. Nenhum prejuízo foi causado."

Nesses momentos minha vontade era gritar com Gideon ou pegá-lo pelo pescoço e sacudi-lo até ele perder aquela calma. Como podia alguém permanecer sempre com aquele controle? Eu sabia que ele possuía habilidades extraordinárias, mas ainda assim era extremamente frustrante, e ao mesmo tempo profundamente confortador, vê-lo responder em vez de reagir a circunstâncias e eventos.

Como se lesse os meus pensamentos, ele disse: "Todos têm de aprender cedo ou tarde a responder em lugar de reagir. Quando reagimos ao que parecem ser problemas, tendemos a nos tornar re-atores, sendo controlados pelas nossas reações. Quando respondemos a partir de um nível mais elevado de compreensão, agimos de modo responsável e a nossa resposta controla as circunstâncias e eventos. Sei que você já refletiu antes acerca disso".

"Não é que eu não compreenda tudo isso, Gideon. É que...

bem... Para falar a verdade, você parece tão perfeito que me faz pensar que eu não posso alcançar um décimo do que você conseguiu", hesitei por um momento e perguntei: "Você entendeu o que eu disse, Gideon?"

Sua voz parecia mais triste e mais delicada quando ele disse: "Você acha que eu me tornei capaz disso sem nunca ter de pagar um preço? Pensa que eu simplesmente me levantei certa manhã e me vi com todas essas capacidades e toda essa sabedoria? Acredita que as consegui com facilidade? Não, não, meu amigo. Houve um preço a pagar. Também eu tive um 'Gideon' para me ensinar e ajudar. Ele está tão acima do meu nível de desenvolvimento que às vezes eu também me desespero, pensando que nunca vou dominar, como você diz, um décimo do que ele sabe. Mas continuo a trabalhar. Continuo a praticar. Continuo a ter esperança. E tenho fé que vou chegar lá, bem como vou ultrapassar até aquele nível. E você é um 'Gideon' para outras pessoas. Você não acha que, por vezes, algumas pessoas olham para você e, vendo o ponto a que você chegou, desejam ser herdeiros de algumas de *suas* capacidades? Você acha que elas também não ficam frustradas? Na sua Terra, John, o crescimento e aprendizagem levam tempo. Logo, são coisas mais ligadas à evolução do que a revoluções. Contudo, as pessoas ainda procuram a iluminação instantânea.

"Há ocasiões em que o ganho em termos de velocidade é uma perda em termos de força. Construa um edifício sólido e no seu próprio ritmo. A gratificação instantânea é a maldição da civilização moderna. Sim! A maioria das coisas requer tempo, John. Mas, por outro lado, temos uma eternidade para fazer tudo o que gostaríamos e para realizar as tarefas que planejamos para nós mesmos. Se combinar algum conhecimento e alguma sabedoria com uma grande dose de prática, você pode atingir qualquer meta." Sua voz foi desaparecendo à medida que ele se aproximava do fim da frase. Ficamos em silêncio por algum tempo.

Já tínhamos viajado por quase uma hora num percurso que costuma demorar três. O fluxo de tráfego voltara ao normal. O suave ruído do motor e o som do vento que entrava pela janela aberta se combinavam para criar uma atmosfera de paz.

"Eis um pequeno truque que você pode usar, John." A voz de Gideon me interrompera os pensamentos. Olhei para ele e fui tranqüilizado pelo meio-sorriso que o seu rosto exibia. Havia nele uma confiança e uma certeza advinda do seu próprio ser que pareciam produzir na minha mente um grande conforto. Gideon prosseguiu: "Quem dirige tem um meio rápido de medir o seu próprio nível de consciência. Na verdade, observando os seus próprios hábitos, os motoristas podem dizer se estão perto do centro ou distantes da circunferência da vida".

"Como, grande mestre?", eu disse, ironicamente.

"Bem, é com efeito muito simples. Nem sempre fácil, mas mesmo assim bem simples. O modo de dirigir é uma indicação do seu nível de consciência. Sempre que você se vir muito perturbado pelas ações dos outros motoristas, olhe para si mesmo, pois há um desequilíbrio. Você não pode fazer coisa alguma que afete os outros motoristas. Tudo o que está ao seu alcance é dirigir da melhor maneira possível. Não se preocupe nem se incomode com a maneira alheia de dirigir. Não chame os outros de idiotas nem de burros. Você pode elevar a sua pressão e ficar alterado, podendo ser você mesmo o causador de algum acidente. Não tente ensinar quem está na rodovia a dirigir.

"Pensemos naquele motorista de meia hora atrás. Você se deixou perturbar por ele. Você ficou irado, e com razão. Mas não se entregue a esse sentimento. É necessário que você se permita sentir. Mas não consinta que os sentimentos de raiva, de frustração, de impotência, de solidão, de desespero, etc. persistam por um longo tempo. A raiva natural, se tratada da maneira adequada, na realidade dura menos de um minuto. Todas as outras coisas dela decorrentes não passam de uma reação à lembrança do evento que despertou a raiva.

"O que você deveria ter feito era pisar delicadamente no freio quando ele cortou você. Dizer para si mesmo: 'O melhor lugar para você estar é bem longe de mim'. E continuar a dirigir. Em instantes você se esqueceria do evento. Você teria ficado com o coração em paz. E um coração em paz é um coração forte.

"Repetindo o que eu disse, John. Quando você se vir ficando irritado com os outros motoristas, lembre-se de que isso é uma indicação de que você precisa ir para um lugar calmo no centro do seu ser. Tome-o como um sinal de trânsito. Retorne ao centro. Se praticar bem, você vai se dar conta de que quase nada o perturba enquanto você dirige. Você vai se tornar um motorista muito mais seguro. Será protegido de acidentes; faróis vermelhos se transformarão em verdes quando você se aproximar e vagas se abrirão em estacionamentos lotados, aparentemente só para você. Você sabe que há também um aspecto prático nisso."

É sempre fascinante para mim o fato de algumas pessoas poderem pegar os fatos corriqueiros da vida e dar-lhes um sentido importante. Gideon é um mestre nessa arte. Quaisquer que fossem as circunstâncias ou situações pelas quais passássemos, sempre parecia haver para ele um significado mais amplo. E ele tentava me ensinar isso. Nunca se cansava de me dizer: "Você nunca vê as coisas como *elas* são. Você sempre as vê como *você* é. Você não acredita no que vê; na verdade, você vê aquilo em que acredita".

Enquanto eu estava ali refletindo sobre Gideon e sua filosofia, aqueles momentos na estrada me pareciam bem distantes e sobremodo longínquos. E, no entanto, eu ainda podia fechar os olhos e, nuns poucos segundos, recordar-me de todo o evento. A mensagem e o sentido sempre estavam presentes. Eu gostaria que fosse possível extrair todos os sentidos de cada evento e descartar o resto. Se fosse possível não nos vermos presos aos "eu deveria ter...", "eu gostaria de não ter..." ou, pior ainda, aos "se ao menos...", seríamos muito mais felizes, muito mais produtivos, muito mais ativos. Nossa tendência é viver os nossos ontens e temer os nossos amanhãs, deixando de lado, dessa maneira, os nossos hojes. E a cada dia sei um pouco mais, sinto-me um pouco mais forte e compreendo de modo mais profundo que estou me tornando alguma coisa mais gloriosa, e não simplesmente chegando a algo mais lucrativo.

Eu desejava poder encontrar Gideon dentro em breve. E também tinha esperança de rever Marla. Como o seu nome se parecia com o da minha falecida esposa, Mardai. Sempre há uma curiosidade acerca dos nossos entes queridos: descobrir para onde foram e como anda o seu progresso. Um estranho pensamento cruzou a minha mente: talvez Marla soubesse onde Mardai estava. Talvez elas pudessem comunicar-se.

Minhas reflexões foram interrompidas pela campainha do telefone. Entrei em casa e peguei o fone, apenas para ouvir a voz do meu amigo Gideon. "John, como prometi na última vez que nos vimos, Marla e eu logo estaremos aí para jantar com você." Gideon às vezes nem falava "alô" nem "como vai você?". Nenhum cumprimento. Direto ao ponto.

"Como você tem passado, Gideon? E Marla?", perguntei.

"Estamos, como sempre, bem, John", respondeu ele, sem me dar muito tempo para replicar. "Eu sei que você gosta de música *country*, clássica e de muitos outros tipos de música. Também tomaremos providências para termos diversão no jantar", prosseguiu ele.

"De que você está falando, Gideon?", falei de repente.

"Do jantar, John. Você, Marla e eu fomos convidados para jantar na próxima quarta-feira num restaurante com excelente comida. Você também vai ouvir um pouco de suas músicas favoritas. Pegarei você às sete em ponto, John. Algum problema?"

"Só você", respondi. "Você me deixa muito confuso."

"Aprendi com você, John, e acho que às vezes é divertido. Até breve."

Coloquei o fone no gancho. Finalmente iria rever Marla. O pleno alcance das palavras que Gideon um dia proferira me atingiu. Sim, a manhã de fato só vem depois de uma longa noite, mas com certeza não deixa de chegar.

Capítulo 8

O restaurante à beira da eternidade

A quarta-feira, que parecia tão distante, finalmente chegou. A perspectiva de rever Marla era quase insuportavelmente excitante, mas dentro, bem dentro de mim, eu ainda podia sentir uma calma que eu não conhecia em situações mais comuns. Eu não a via há anos, mas a sensação de que ela sabia alguma coisa sobre a minha esposa aumentara em vez de diminuir. A experiência permitia prever que haveria muito a aprender no jantar daquela noite. Tendo tomado todas as providências para deixar as crianças acompanhadas, eu estava vestido e pronto antes das sete.

Gideon dificilmente se atrasava, se é que se atrasava. Fazendo jus à fama, exatamente na hora marcada um carro longo e lustroso surgiu na rua. Momentos depois, tocaram a campainha e eu abri a porta para ver o ar enigmático de Gideon. Ao seu lado, uma figura muito agradável e graciosa. Marla se aproximou, pegou a minha mão e me deu um grande abraço. Parecia não ter envelhecido um único dia e até parecia mais jovem e saudável do que antes.

"Entrem, por favor", falei. "Marla, é muito bom vê-la. Senti a sua falta. Gideon parecia ter a intenção de mantê-la longe por todos estes anos. Queiram entrar."

Com um sorriso adorável ela proclamou: "Eu mal podia esperar para revê-lo, John".

"Não vamos entrar agora; o carro nos espera", atalhou Gideon. "Vamos, temos uma bela noite pela frente."

Entrei em casa, dei um beijo nas crianças e voltei à porta da frente. Gideon, Marla e eu nos dirigimos ao carro. Um *chauffeur* bem vestido se aproximou e abriu a porta para nós.

"Então, Gideon, limusine e motorista? Pensei que você acreditasse numa vida simples."

"Viver com simplicidade é uma coisa. Viver em condição miserável é outra. Devemos sempre usar os recursos de que dispomos. Desde que se mantenha o equilíbrio, podemos fruir as dádivas que recebemos. Ame as pessoas e use as coisas, e não o contrário. É o desapego divino."

"Ele sempre faz esses sermões, Marla", eu disse, enquanto ocupávamos o banco de trás. O motorista fechou a porta e partimos. À minha direita, meu velho amigo Gideon, e à esquerda, a encantadora Marla.

"Para onde vamos, Gideon?", perguntei.

"Para o Restaurante à Beira da Eternidade", disse ele.

"À beira de quê?!", deixei escapar, um tanto surpreso. Foi Marla quem respondeu.

"Pensamos que seria divertido dar uma parada em seu trabalho cotidiano, John. Foi por isso que escolhemos esse restaurante. Ele não fica realmente à beira da eternidade. A eternidade não tem beiras — nem começo nem fim. Ele apenas existe. E o restaurante? É mais do que isso. É um sistema total de entretenimento. Muitos dos nossos amigos o visitam ao voltarem de missões especiais. Você vai adorá-lo, J.H."

"E onde fica de fato esse restaurante, Marla? Ou não devo perguntar?"

Foi a vez de Gideon responder. "Como já viajou conosco, John, você não deveria se surpreender por ele não ser um restaurante 'comum'. Logo vamos passar por uma experiência chamada 'salto transdimensional', e antes de você poder piscar o olho, estaremos lá. Não se preocupe. Temos reservas, você sabe."

"Eu também tenho algumas reservas", comentei, dando às minhas palavras um sentido diferente das dele.

Há ocasiões em que é inútil tentar obter mais informações de Gideon. Esta era uma delas. Eu tinha uma sensação de expectativa e um estranho sentido de aventura. Gideon, Marla e eu tínhamos de fato viajado para muitos lugares em diferentes períodos de tempo, mas isso tinha ocorrido há muito tempo e eu já me esquecera de quase tudo. Entretanto, lá estávamos nós novamente numa das nossas jornadas extraterrestres ou interdimensionais. De certo modo, a minha intranqüilidade inicial se dissipara.

De modo geral, é para mim difícil não ser otimista, feliz e controlado quando estou com Gideon. E, além de poder privar da companhia de Marla, a noite prometia ser, como se diz, "do outro mundo". Eu ansiava por fazer perguntas a Marla, por saber o que ela estava fazendo e por conhecer mais o seu trabalho. Quando nos despedimos, muitos anos atrás, eu sabia que voltaria a vê-la, mas agora eu me perguntava se ela sabia das provações pelas quais eu passara desde então.

Como se em resposta às perguntas que eu havia feito, Marla disse: "Claro que sei das coisas pelas quais você tem passado, John. Não entendo por que você insiste em usar a palavra 'provações' para referir-se a sua jornada. Sim, sei do passamento de sua esposa, da perda de muitas pessoas que você considerava amigas, das situações em que membros da família se voltaram contra você, da perpétua luta para ganhar o pão para você e as crianças e, com efeito, também sei dos momentos de desamparo em que você implorou a ajuda de Deus. É provável que falemos sobre essas coisas no jantar. Você também vai encontrar alguns dos nossos velhos amigos, pois dissemos a algumas pessoas que estaríamos lá esta noite. Contudo, por agora, vamos aproveitar o passeio. Estamos quase prontos para a passagem transdimensional.

Antes que eu pudesse dizer qualquer coisa, o som do motor do carro foi substituído por estalidos, como se alguém tivesse se apossado do carro e estivesse ajustando seus instrumentos. Sem aviso, surgiu um estonteante clarão e, por um momento, senti-me como que suspenso no tempo e no espaço. Eu não tinha dúvidas de que estava tendo um sonho lúcido e de que, quando acordasse, estaria na minha cama. Mas não se tratava de um sonho. Gideon me assegurou que a coisa era real ao me dizer: "Você está de fato passando por essa experiência, John. Logo chegaremos".

Segundos depois, ou ao menos a meu ver, houve uma batida e o som do motor voltou ao normal. Olhei pela janela mas ainda não pude ver nada. Finalmente, paramos. O motorista desceu e abriu a porta, e nós saímos do carro. Fomos recebidos por um jovem e uma jovem que pareciam estar à nossa espera.

"Boa noite", disse o jovem. "Por aqui, por favor."

Seguimos o par até um prédio grande e bem iluminado, onde fomos levados a uma mesa. O cartão dizia: "Gideon e Companhia".

"Que história é essa de companhia, Gideon?", perguntei. "Você agora tem sua própria empresa?"

"Não, John. Ainda trabalho na G & M Enterprises, Inc. O cartão deveria dizer 'Gideon e amigos'. Você ainda se lembra da G & M dos velhos tempos, não é?"

A G & M Enterprises era a empresa para a qual Gideon e Marla trabalhavam quando eu os conhecera. Essas letras representam Deus (*God*) e o Homem (*Man*), sendo este último termo usado no sentido genérico. O chefe executivo e presidente do conselho é Deus. Muitas das minhas primeiras experiências de aprendizagem com Gideon e Marla ocorreram por meio de aventuras que envolviam a G & M Enterprises.

A essa altura, estávamos confortavelmente sentados. Cinco cadeiras tinham sido postas ao redor da mesa. Como éramos três, perguntei a Gideon se estávamos esperando alguém para jantar.

"Nunca se sabe ao certo quem pode aparecer", disse ele. "Devo ter-lhe dito que costumamos encontrar velhos amigos aqui. Este é um 'espaço-tempo' favorito do nosso grupo. Marla e eu vimos aqui com freqüência. A comida é excelente e a diversão é divina." Enquanto ele dizia isso, um sorriso curioso tocava os cantos de sua boca.

Eu estava ávido por conversar longamente com Marla, e tive então a oportunidade. Antes de eu começar, Gideon acrescentou: "Se você não se importa, John, vou fazer o nosso pedido. Sei exatamente do que você gosta".

Ele se ocupou em dar instruções ao garçom e eu me virei para Marla e perguntei: "Marla, o que você tem feito?" Ela era o retrato da tranqüilidade e da compreensão. Talvez eu nunca tivesse visto como ela era realmente bonita. Seus cabelos na altura dos ombros pareciam soprar com a brisa, embora não houvesse brisa. Lentamente, ela se aproximou e tomou as minhas mãos nas suas. Olhando com olhos capazes de iluminar o céu noturno, ela sorriu e disse: "Minhas responsabilidades na empresa aumentaram. Acabei de terminar um importante projeto e agora é possível que me atribuam a tarefa mais importante da minha carreira".

"Parabéns!", exclamei, sentindo suas quentes e suaves mãos nas minhas. "Isso por acaso significa que vamos vê-la com menos freqüência?"

Pensativamente, ela disse: "Bem, minha nova tarefa por certo vai permitir que eu o veja com mais regularidade".

"O que quer dizer?"

"John, minha nova tarefa é ajudar Gideon no seu trabalho com você."

O pleno impacto de suas palavras exigiu algum tempo para ser assimilado. Eu estava ficando incomodado outra vez. Sempre que Gideon e Marla estavam em contato comigo no passado, as coisas pareciam ir a extremos. Gideon interrompeu o curso dos meus pensamentos quando Marla afastou delicadamente as mãos das minhas para pegar o seu copo de vinho.

Ele disse: "Não há nada a temer, John. A parte mais difícil do nosso trabalho já foi realizada".

"E qual foi, Gideon?"

"Ficar ao seu lado nos últimos anos, mas não interferir nos testes pelos quais você passava. Você pode imaginar como isso foi difícil para mim?"

"Não, Gideon. Não posso imaginar o incômodo que isso lhe causou. Para mim não foi nenhum piquenique. Você me observava enquanto eu sofria. Mais ou menos como Nero brincava enquanto Roma ardia. Por que você não fez alguma coisa? Você podia ao menos salvar Mardai da doença que a levou. Para você não era nada; para mim era tudo. Que benefício há em tudo isso e no seu poder se você não levanta um dedo para ajudar ninguém, nem mesmo uma pessoa de quem você goste?" Eu estava começando a revolver velhas feridas quando me recordei de que era o convidado e estava me comportando de maneira imprópria. Era como se eu os culpasse pelos terríveis momentos do passado. Dando-me conta disso, desculpei-me e continuei a conversar.

"Sinto muito, Gideon. Não tive a intenção de me zangar com você. Claro que os meus problemas não foram culpa sua. Na verdade, eles não foram culpa de ninguém. Creio que ainda estou um pouco sensível a alguns desses eventos passados."

"Não se preocupe com isso, John", disse Gideon. "Em algum momento temos de enfrentar os nossos dragões e matá-los, para que eles não nos torturem a vida inteira."

Foi a vez de Marla falar: "John, sei que você tem muitas coisas para me perguntar. Responderei a algumas delas antes de a noite acabar. Mas há outras que, bem, devo alertá-lo de que não tenho respostas para tudo".

Eu já ia responder quando Gideon apontou para o meu copo de vinho. "É um bom vinho. Eles o trazem toda semana de algum lugar das Vinhas Universais Aurorianas... em algum ponto de um setor remoto da galáxia. Experimente."

Estendi a mão e peguei o copo. Levei-o lentamente aos lábios e beberiquei. Olhei para ele e balancei a cabeça, concordando. Enquanto isso, Marla me observava, divertindo-se, como o indicavam os seus olhos. Sorri e tomei o resto do conteúdo do copo.

"Tem gosto do proverbial néctar dos deuses", comentei.

"E é o próprio", disse ela.

As luzes diminuíram por um momento, e Gideon disse: "O espetáculo está prestes a começar. Vamos comer enquanto o assistimos".

Pela primeira vez, dei uma boa olhada no restaurante. Era elegantemente decorado. O notável eram, porém, as suas dimensões. Embora parecesse haver milhares de clientes, o burburinho costumeiro dos grandes restaurantes não existia.

Tudo corria muito bem. No centro da sala, havia um grande palco que parecia estar simplesmente flutuando. Devia ser desatenção da minha parte ou ilusão de óptica, foi o que imaginei.

A voz de Marla me fez voltar à mesa. Perto dela estava um homem de mais ou menos um metro e oitenta usando camiseta e *jeans*. Ele falava em voz baixa com Gideon, e devia ter chegado à mesa enquanto eu olhava o restaurante.

"John", disse Marla, "este é um velho amigo nosso, Theophilus Marcus. Theo está feliz por poder conhecê-lo."

Trocamos cumprimentos e ele se sentou à mesa.

"Theo e eu trabalhamos em muitos projetos juntos. Ele vai jantar conosco", disse Gideon.

"O prazer é meu", replicou Theo.

Quando trouxe o nosso jantar, o garçom trouxe também o de Theophilus. Antecipando-se à minha pergunta, Gideon disse: "Theo vem tanto aqui que eles já sabem do que ele gosta para o jantar. Ele é um freqüentador habitual".

"Pensei que você disse que o espetáculo estava para começar, Gideon", falei.

"Já começou. Cada um de nós pode pedir um espetáculo especial que é somente seu. Outras pessoas podem, se você permitir, juntar-se a você. Os controles estão ali." Gideon apontou para uma caixa com tela, semelhante a uma tevê. A caixa era controlada por um painel de botões coloridos, um de cada cor.

"A operação é relativamente simples, John. Eu deveria ter-lhe explicado antes", continuou Gideon. "É quase como a própria vida. Você aperta o botão verde e pensa sobre o lugar para o qual gostaria de ir e na maneira como gostaria de se sentir. Num instante você será parte do espetáculo. Se não gostar do que encontrou, ou não quiser ficar ali, basta mudar de idéia e tocar o botão vermelho, parando tudo. A partir daí, você poderá voltar ao ponto inicial ou ir diretamente para outra cena. O tempo e o espaço não são obstáculos. O aparelho usa o mecanismo transdimensional de que lhe falei antes. Um artefato muito simples e, na verdade, bastante útil."

"Posso experimentar?", perguntei.

"Quando quiser. Mas não se esqueça do botão de emergência, para o caso de haver problemas."

"Problemas, Gideon? Pensei que fosse um divertimento. Por que eu iria ter problemas?", perguntei.

Marla se antecipou e disse: "A vida destina-se à diversão, e mesmo assim há problemas... desafios, se você preferir. Sem problemas, não há crescimento. Sem crescimento, não há alegria nem emoção. E sem essas coisas a pessoa morre de tédio. É melhor morrer por qualquer outro motivo do que de tédio. Além disso, a morte não existe. Mas isso é outra história".

Theophilus, que até então se mantivera quieto, sugeriu: "Gideon, talvez você ou Marla devessem acompanhá-lo na primeira vez. Talvez ele fique muito mais à vontade com alguém que conheça o sistema".

Gideon disse: "Boa idéia. Marla, vou ficar e descobrir o que Theo tem feito ultimamente. Por que você não vai com John?"

"Seria um prazer. Você gostaria, John?"

"Não tenho muita certeza do que tudo isso significa, mas será muito bom estar na sua companhia, Marla", respondi.

Eu nunca provara uma comida tão deliciosa. Ali, no Restaurante à Beira da Eternidade, eu me sentava com os meus estranhos amigos para saborear uma notável refeição. Não demorou muito para que Marla murmurasse: "Quando você estiver pronto, John. O funcionamento é a própria simplicidade. Apenas pense num tempo e num lugar em que você gostaria de estar e, quando tiver o quadro bem claro na mente, aperte o botão verde".

"Tem de ser um lugar que já visitei?"

"Não, não. Seria muito comum; embora você também possa fazer isso, se quiser — você pode ir a qualquer lugar e a qualquer época. Use a imaginação. Feche os olhos, se preferir. Não importa."

"Apenas fechar os olhos e imaginar? Só isso?"

"Quando usa a imaginação", replicou Gideon, "você está usando um dos mais poderosos instrumentos que o Criador já lhe deu. O que quer que você imagine passa a existir. Esse mecanismo apenas o ajuda a descobrir isso. Compreenda que não há necessidade de uma máquina nem de instrumentos complicados para fazer isso. Você é perfeitamente capaz de fazer tudo o que a máquina faz. Mas, como você ainda não tem prática, use os botões."

"Está bem, Gideon. Vou pensar numa época e num lugar. Vou experimentar."

Então fechei os olhos e, ao mesmo tempo, assegurei-me de que o meu dedo se apoiava levemente sobre o botão verde. Eu não queria cometer erros. A mão de Marla sobre as minhas dava-me uma sensação de conforto quando respirei fundo e deixei que a minha mente vagasse.

Capítulo 9

O senhor não vai voltar?

Há um povoado na Escócia que fica distante do burburinho das cidades grandes. Ou ao menos havia. Vá, tal como voa o corvo, para o norte a partir de Cromarty, além de Dornoch Firth, na direção das Northwest Highlands, e você vai cruzar campos verdes delicados e levemente inclinados e ver as colinas e lagos dessa antiga terra. Não há como resistir à sedução do espírito de euforia e de liberdade. Antes de chegar ao oceano, a cerca de oitenta quilômetros daqui, vire à direita e siga para o leste, na direção do Mar do Norte. Se seguir fielmente as minhas instruções, você vai chegar a uma cidadezinha aninhada nos braços das belas colinas de Sempre e beijada pelas águas da Eternidade.

Eu nunca vi essa cidadezinha, mas mesmo assim sei que ela está nesse lugar. Talvez o bisavô de Mardai tivesse cruzado as terras altas e visitado o vilarejo. Vocês já perceberam, é claro, que ele era escocês. Lembro-me do meu enlevo, quando eu era um jovem rapaz, diante do som da gaita de foles. Eu simplesmente adorava ficar ouvindo um tocador solitário extraindo sons da gaita ao anoitecer. Esse instrumento me fascina até hoje, a ponto de eu freqüentar festivais escoceses e gastar literalmente horas seguindo os tocadores de gaita de foles. Vejo a mim mesmo pegando a estrada alta e seguindo a baixa para além de Loch Lomond até encontrar aquela pessoa especial vindo pelo Rye. E lá vou eu, cantando a *Skye Boat Song*, rumo ao lugar para onde o rio Afton corre delicadamente por County Ayrshire. A terra do rei Robert e de Maria, a rainha dos escoceses, tem para mim um fascínio deveras especial.

De súbito, minha mente voltou ao Restaurante à Beira da Eternidade, a Marla, Gideon e Theo. Abri os olhos e, com firme resolução, disse a Marla: "Eu sempre quis visitar a Escócia e ir a primeira vez sozinho. Você se importa, Marla?"

"Não, John. Eu compreendo." Uma sombra de tristeza cruzou o seu rosto. Talvez tenha sido a minha imaginação. Contudo, era muito forte o impulso de ir à cidadezinha e eu sentia necessidade de estar a sós.

"Não sei explicar, Marla. Simplesmente tenho de ficar sozinho com os meus pensamentos."

"Há momentos em que todos precisam de solidão. Ponha este controle remoto no cinto. Os botões do painel principal estão duplicados no controle remoto. Lembre-se: verde para ir, vermelho para parar ou mudar de programa. O botão branco é para mim. Se você desistir de ficar sozinho, aperte-o e eu aparecerei. Há também uma pequena folha de instruções colada na parte posterior do controle remoto, para o caso de você se esquecer do que fazer ou precisar de mais instruções."

"Você tem certeza de que essa coisa é segura, não tem?", perguntei, mais para me ouvir dizendo do que para ser tranqüilizado outra vez.

"Sempre seguro, John. Tudo o mais é somente uma aparência baseada na sua crença. Nunca se esqueça disso", foi a sua réplica.

Marla se aproximou de mim e me beijou o rosto. Gideon e Theo estavam sentados calmamente, olhando. Fechei os olhos de novo. Dessa vez pude ver a cidadezinha com clareza. Percebi que tinha de ir lá. Um som agudo invadiu a minha imobilidade. O som de uma gaita de foles, que parecia muito perto, e no entanto tão distante. Com delicadeza, com muita suavidade, apertei o botão verde.

A música pareceu ficar mais próxima. Nada mais aconteceu. Abri pouco a pouco os olhos. O restaurante, Gideon, Marla e tantas outras coisas tinham desaparecido. Eu estava sentado sob um enorme carvalho. Bem perto de mim, de pé, um gaiteiro solitário tocava enquanto o Sol começava a se pôr. O lamentoso som percorria as colinas e florestas, e me dei conta de que estava visitando um antigo lar.

A paz que me circundava naquele momento é indescritível. Eu absorvia cada variação da música nas próprias células do corpo. O tempo parecia ter parado, preso entre um viajante curioso e uma cidadezinha escocesa de outrora. A música terminou, mas eu me deixei ficar ali, imóvel, por mais algum tempo.

O tocador de gaita olhou para mim, sorriu e disse: "Eles o esperam dentro de pouco tempo. Vamos". E, virando-se, continuou a tocar enquanto seguia na direção da aldeia. Segui-o a distância até que, acima da colina seguinte, vi o fogo aceso no povoado. Um grupo de pessoas esperava com grande ansiedade. Tão logo me viram, eles se aproximaram, apressados. A essa altura, a gaita tinha parado.

"Você o encontrou, não foi, Charlie?", foi o que um membro do grupo perguntou ao gaiteiro. Olhei ao redor, tentando me situar. Uma parte de mim estava tão à vontade que eu sentia que pertencia àquele lugar. Outra parte tinha a impressão de assistir outra vez a um filme projetado com delicadeza na tela da minha mente.

"Sim. No lugar certo e na hora certa. Exatamente como nos disseram", replicou Charlie.

Pela primeira vez desde que chegara, falei, dirigindo-me diretamente a Charlie. "Charlie, que música maravilhosa! Quem cuida de tudo aqui?"

Um casal mais velho saiu do meio da pequena multidão e se inclinou em reverência quando o homem falou.

"Meu chefe! Bem-vindo de volta. Minha mulher e eu cuidamos das coisas agora. Sabíamos que o senhor iria voltar. Espero que passe a noite conosco."

Fiquei imaginando a razão pela qual ele se dirigia a mim dizendo "meu chefe", mas pensei que deveria ser um velho costume escocês. Era quase como se eu tivesse feito aquilo.

"Parece que há alguma emergência aqui", falei. "Por que você está tão preocupado, Donald?" Eu sabia o nome dele sem sequer conhecê-lo.

"Meu senhor", respondeu ele, "há uma criança na cidade que está muito doente. O senhor está aqui para curá-la."

"Estou?... Ah, sim, claro, estou!", falei, um tanto surpreso mas não querendo revelar a minha ignorância.

Eu não tinha muita certeza do porquê me parecia já ter dado um remédio a um menino doente na cidade, mas não estava preocupado com isso. O velho homem me conduziu a uma casa do outro lado da vila. Os outros nos seguiram lentamente. Entrando na casa, fui levado a um garoto que jazia num leito coberto por espessos cobertores. Uma mulher, que imaginei ser a sua mãe, estava sentada numa velha cadeira de madeira perto dele, segurando-lhe amorosamente a mão. Donald ficou parado enquanto eu me dirigia até o local onde ela estava. Ela se levantou da cadeira, pegou a minha mão com lágrimas nos olhos e disse: "Não deixe de ajudá-lo, senhor. A febre está muito alta".

"Alex estará bem pela manhã", eu disse, tentando confortá-la. Mais uma vez, eu sabia o nome do menino sem compreender como.

"Oh, muito obrigada, bom senhor. Deus o abençoe."

"Deus nos abençoe a todos", repliquei. Virando-me para Alex, continuei: "Você vai dormir bem esta noite, Alex. A febre vai desaparecer antes de o dia clarear. Eu lhe trouxe uma coisa".

Senti-me um tanto sem jeito quando, por alguma razão inexplicada, meti a mão no bolso e tirei uma pequena garrafa. Era um daqueles recipientes nos quais as farmácias aviavam receitas. Eu não me lembrava de tê-la levado comigo, mas ainda assim parecia saber que ela estava ali. Coloquei duas das pequenas pílulas brancas na palma da minha mão.

Passei-as à mãe de Alex, dizendo: "Dê isso a ele com água. Pegue o resto. Faça-o tomar duas de cada vez, três vezes ao dia, até acabar o vidro. Ele vai recuperar as forças dentro de pouco tempo".

Ela seguiu as minhas instruções e Alex pôde por fim dormir em paz. Voltei-me para Donald e disse: "Meu trabalho aqui está terminado. Vou ficar até de manhã, se não for incômodo".

Ele me levou da casa de Alex à sua, que tinha vista para o mar. Sua voz revelava excitação ao dizer: "Meu chefe, faça-me o favor de ficar até amanhã. O descanso vai lhe fazer bem. Seus aposentos já estão preparados".

"Creio que vou gostar disso, Donald. Você tem certeza de que não é incômodo?"

"Sem problemas, eu lhe asseguro. Todas as pessoas daqui, inclusive eu, vão se esquecer dos acontecimentos desta noite. É assim que se espera que as coisas funcionem. Mas o pequeno Alex, o pequeno Alex vai se lembrar e, à medida que for crescendo, os eventos vão se tornar para ele uma espécie de sonho."

"A propósito, quem é Alex? Tive a impressão de que o conhecia ou o vira em algum lugar antes."

Ficamos ali à porta, o velho homem e eu. Ele me encarou com a sabedoria de antigas eras nos olhos ao dizer, com calma: "Alex é aquele que, daqui há alguns anos, fará uma descoberta que lhe dará fama. Ele vai mudar o curso da medicina ao dar ao mundo o que virá a ser conhecido como penicilina. Aquele garotinho, meu senhor, um dia será conhecido como Sir Alexander Fleming. Ele vai chegar a ganhar o prêmio Nobel de medicina".

Fiquei ali, estupefato. Embora eu soubesse que quisera ir àquela cidadezinha, eu pensara que o faria somente por diversão. Eu mal podia acreditar que houvesse outro propósito, mas sentia-me muito bem por ter podido dar a Alex um remédio de que ele tanto precisava.

"Aquelas pílulas", continuou Donald, "são tabletes de penicilina que o senhor trouxe para ajudar a curar a pessoa que um dia vai descobrir a penicilina."

"Não é estranho, Donald? Não é surpreendente que eu tenha trazido a substância que ele haverá de descobrir a fim de que ele viva para fazer essa descoberta?"

"Nem um pouco, meu chefe", replicou Donald. "Não há nada de estranho nisso se pensarmos que podemos mudar o nosso futuro mediante o trabalho com o nosso passado. Ou afetar o passado trabalhando o presente e, desse modo, criar todo um futuro. Os passados, os presentes e os futuros são, todos eles, construções da mente humana enquanto esta se acha num corpo físico."

"Como você sabe tanta coisa, Donald? E por que insiste em me chamar de 'chefe'?"

"Respondendo antes à segunda parte da sua pergunta, senhor, o senhor *é* meu chefe. Já trabalhamos juntos antes. O senhor me ajudou tanto na minha evolução espiritual que sempre lhe serei grato. Pertencemos, se posso atrever-me a dizê-lo, à mesma família. Optei por ficar neste lugarejo e distribuir as minhas dádivas aqui. A maioria dos outros habitantes não sabe disso. Charlie, o gaiteiro, sabe, assim como Duncan. Meu atual trabalho na Terra é construir cidadezinhas, ajudar pessoas comuns em seus problemas de todo dia a fim de, de quando em vez, ajudar a produção de um Sir Alexander Fleming e, quem sabe, ao mesmo tempo crescer e alcançar as estrelas.

"Veja, meu chefe, o senhor sempre me ajudou a ajudar outras pessoas. Tal como eu, o senhor não se lembra das coisas que faz em outras dimensões. O senhor pode não se recordar da época em que nos reunimos, vindos de todas as partes do mundo, cem mil luzes brilhantes e faiscantes. Era um período de grandes distúrbios, havia guerras e rumores de guerra. Reunimo-nos e falamos de amor e de compaixão. Lá, o senhor ensinou alguns de nós sobre o amor que o nosso Criador tem por nós e sobre como a nossa vida haveria de florescer por servir aos outros. O senhor nos mostrou, pelo exemplo, que somos todos luzes resplendentes e que, para brilhar ainda mais, sempre temos de estender uma mão amiga aos nossos irmãos e irmãs menos afortunados.

"O senhor nos explicou a natureza sagrada de todas as formas de vida e nos ensinou a respeitar sua existência. Vimo-lo passar pelas suas provações e tribulações, assim como o vimos em agonia ansiar por paz e alegria. Mas nunca o vimos perder a esperança. Nunca, jamais o ouvimos gritar nem amaldiçoar o seu Deus. Embora caindo, o senhor se levantou. Quando os rios da fé estavam quase secos, o senhor manteve a esperança. Embora o nosso coração sofresse pelo senhor, o senhor foi e sempre será a nossa inspiração. Assim, como pode ver, o senhor é o meu chefe. Quanto à primeira parte da sua pergunta, sei tanto porque o senhor muito me ensinou."

Ficamos calados por algum tempo. O som das ondas na praia da cidade era para mim um bálsamo. O vento noroeste começou a soprar e acariciou com suavidade o meu rosto, enquanto me aquecia o corpo e a alma. Donald estava parado perto de mim e, a crer no canto do meu olho, não parecia tão velho e desgastado quanto estava quando o vi pela primeira vez. Desenvolvia-se entre nós um forte vínculo. O escocês e eu permanecemos ali, fruindo a contemplação do apenas existir, do apenas viver, da própria vida.

"Fleming não nasceu em Lochfield?", perguntei. "O que ele está fazendo aqui?"

"Sim, é verdade, mas ele veio fazer uma visita. Ele logo vai voltar, dando início ao trabalho que vai levá-lo às suas maiores contribuições à humanidade."

"Mais tarde eu poderia dar um passeio pela praia, Donald", falei. A noite está clara e confortavelmente quente. Veja", prossegui, "eis Orion, o Caçador e o seu cão. Eu sinto o chamado dessas estrelas."

"Não vou acompanhá-lo em sua caminhada", disse Donald. "Contudo, por que não jantamos antes? O resto da noite será seu. Charlie vai adorar tê-lo para o jantar esta noite. Ele está preparando um verdadeiro jantar escocês. Como o senhor sabe, ele vive sozinho. Depois da morte da esposa, há anos, ele nunca voltou a se casar. Ele não tem filhos nem parentes por aqui, mas gosta muito de dar prazer aos outros com o seu instrumento. Tenho certeza de que ele tocará para o senhor se o senhor for."

"Jantar e gaita de foles? Claro, Donald! Como eu poderia recusar? Quando vamos?"

"Se quiser, agora", respondeu ele.

"Muito bem, vamos nos divertir na casa de Charlie."

Quando nos aproximamos da casa de Charlie, um melancólico refrão veio flutuando nos receber. Fomos até a porta e batemos; interrompendo a música, Charlie nos fez entrar.

"Fico muito contente com a sua vinda", disse ele. "Sei que são muitas as suas ocupações, mas não o temos visto muito ultimamente. Como vão Gideon e Marla?"

"Você os conhece?", perguntei, surpreso.

"Claro, meu senhor. Eles passam por aqui de vez em quando. Ficamos realmente muito honrados com suas visitas. Diga-lhes por favor que apareçam."

"Sem dúvida direi. E, por favor, Charlie, você e Donald devem parar de me chamar de 'meu senhor', 'meu chefe'. Eu fico muito encabulado."

"Está certo, meu senhor", respondeu Charlie. "Mas nos acostumamos a chamá-lo assim. Vai demorar algum tempo para nos acostumarmos à mudança."

Devoramos uma excelente refeição. Charlie era tão bom na cozinha quando o era na gaita. Terminado o jantar, relaxamos ao som daquelas adoráveis músicas, que são para mim um grande deleite. Olhei para o relógio e vi que eram dez e meia da noite. Foi então que me dei conta de ter o controle remoto preso ao cinto e de que as minhas roupas eram bem diferentes das das pessoas daquele tempo e daquele lugar. Mas ninguém parecia ter percebido isso. Recostei a cabeça, fechei os olhos por um instante e pensei ouvir a voz de Marla dizendo: "Tudo bem, John. Eles o vêem tal como eles estão. Não se preocupe". Por um momento eu quase me esquecera de onde estava. Fiquei pensando em quão cheia de truques essa viagem transdimensional podia ser.

"Tenho de ir agora, caros amigos", eu disse a Donald e a Charlie. "Ainda preciso dar um passeio pela praia. Eu sei andar por aí. Assim, Donald, se quiser, fique mais um pouco com Charlie."

"É o que farei", disse Donald.

"Vou vê-lo pela manhã antes de partir?", perguntei.

"Se for esse o seu desejo", foi a resposta. "Tenha uma noite muito boa."

Deixei a sua companhia e caminhei lentamente na direção do som do oceano. A música da gaita se perdera no vento e na arrebentação quando deparei com uma cena de tirar o fôlego. Ali, ao lado do mar, sentei-me sob uma árvore gigantesca e contemplei a luz pálida e os céus estrelados. "Que beleza, que paz!", eu disse a mim mesmo. "Coisas belas e cheias de paz devem ser partilhadas com outros seres."

Capítulo 10

Coisas que nos abalam à noite

O vento nas folhas acima de mim me fez recordar de poemas que eu lera acerca de terras e climas místicos, embora o lugar onde eu estava naquela noite fosse por si só místico. Pensamentos inundaram a minha mente, chocando-se uns contra os outros para me chamar a atenção. Eu me concentrara de modo tão intencional no presente que mal podia me lembrar de que se supunha que eu estivesse jantando com Gideon e Marla. O tempo muitas vezes parece relativo, assemelhando-se a situações cotidianas nas quais aquilo que fazemos, seja lá o que for, nos dá prazer e estímulo. Ele parece se acelerar ou diminuir de velocidade, e até parar, enquanto mergulhamos nas questões do momento.

A minha mente voltou ao jantar, e depois aos meus filhos, à minha casa e ao meu trabalho; comecei a me sentir incomodado. Amanhã seria um novo dia com novos desafios, e ali estava eu gastando horas com restaurantes, gaitas de foles e passagens transdimensionais. Pelo que me tocava, aquilo era um sonho — e todos sabem que acontecem coisas estranhas nos sonhos. Talvez não houvesse nada de passagem transdimensional, nem lugares como o Restaurante à Beira da Eternidade. O que eu fazia ali? Senti que devia retornar ao lugar de onde viera, fosse qual fosse, ou que, ao menos, devia acordar daquele sonho.

A ansiedade começara a se apossar de mim quando me lembrei de repente do controle remoto no cinto. Apressadamente, pus a mão sobre ele e olhei os botões. Gideon dissera: "Aperte o botão vermelho se quiser parar ou mudar o programa". E o botão branco servia para chamar Marla. A essa altura, as minhas mãos estavam cobertas de suor. Eu já não conseguia ouvir o oceano nem ver a lua lá em cima. Meus pensamentos foram atingindo uma velocidade cada vez maior. O que começara como uma bela noite de fantasia tornava-se com rapidez um terrível pesadelo.

Procurei o botão vermelho e desisti de apertá-lo quando o meu dedo estava a centímetros dele. "Talvez não o vermelho", pensei. "Pode ser melhor tentar primeiro o branco. Vejamos o que acontece com o branco. Pressione o botão branco. Vamos, John, pressione o botão branco... Agora." Com grande esforço, movi o dedo até o botão branco. Toda a cena pareceu ficar em câmera lenta. Lembrei-me daqueles filmes de tevê em que o herói está se afastando da cena do crime. Quanto mais rápido ele tenta se movimentar, tanto mais obstáculos surgem no seu caminho. Meu dedo conseguiu por fim chegar ao botão e eu o pressionei. Ele logo produziu um som, e fiquei ali, como se suspenso, esperando algo suceder.

A princípio, nada pareceu acontecer, mas depois, vindo do luar, da praia, surgiu um som. Era como se alguém dissesse o meu nome. Inclinei-me para ver um pouco melhor e dei com uma figura com uma roupa branca e vaporosa que caminhava na minha direção. Havia certa familiaridade no seu modo de andar — passos largos, graciosos e determinados. E ouvi a voz de Marla elevar-se acima do vento e do mar.

"John", disse ela. "Você me chamou. Estou aqui."

A essa altura, ela já chegara ao lugar em que eu me encontrava e, com os braços estendidos, me envolveu num grande abraço.

"Marla!", exclamei. "Eu estava começando a ficar assustado com o que ocorria. Principiei a pensar que tudo isso era uma ilusão e que eu não tinha o direito de estar aqui, que não se esperava que eu..."

"Chega, John", ela me interrompeu. "Eu sei. Foi precisamente por isso que eu queria que você tivesse acesso ao botão branco do seu controle remoto. Eu tinha a sensação de que você iria precisar de mim."

"Lamento", repliquei, sentindo-me um tanto inferiorizado. "Eu não pretendia causar nenhum problema. Foi apenas... foi... bem..."

"Não há necessidade de explicações", disse ela. E acrescentou: "É uma bela noite. Vamos caminhar à beira da água. Ou você prefere voltar agora ao restaurante?"

"Prometi ficar até amanhecer, por causa daqueles dois camaradas, Donald e Charlie. A propósito, Donald disse que conhece você e Gideon."

"Todos nos conhecemos, John. Tudo está ligado a tudo o mais. Os que temos as mesmas metas, os mesmos amores, esperanças e sonhos semelhantes, os que somos da mesma 'família' nos encontramos com regularidade suficiente para nos conhecermos muito bem."

"Se eu ficasse aqui até amanhecer, o que aconteceria quando voltasse ao restaurante? Quero dizer, Gideon e Theo já teriam ido embora? E os meus filhos? Eu não disse a eles e à *baby-sitter* que ficaria fora a noite inteira."

"Você ainda se preocupa com muitas coisas, meu amigo." Marla disse isso com voz suave e compreensiva. "Não há problema com nenhuma época que você escolha, porque nenhum tempo terá passado quando você retornar. Você já fez isso antes com Gideon, mas provavelmente esqueceu."

"Eu ainda não entendo tão bem essas coisas. Está certo. Creio que vou passar a noite aqui. Diga-me então por que eu comecei a me preocupar tanto quando estava sentado debaixo daquela árvore."

A essa altura, estávamos bem perto da água. Continuamos a caminhar seguindo a linha da praia por algum tempo antes de Marla responder.

"Estar aqui nada tem de diferente do estar em algum outro lugar, John. Você está sujeito aos mesmos sentimentos e pensamentos onde quer que esteja e seja qual for a época em que estiver. Há de fato alguns lugares que ampliam certas situações e outros que as reduzem. Mas de modo geral você sempre está no controle dos seus pensamentos e sentimentos. No início você estava bem, enfrentando as situações com perfeição. Então você foi dar uma caminhada e terminou por sentar-se sob uma árvore a fim de refletir sobre os seus pensamentos e aproveitar a noite.

"No princípio, foi somente um pensamento extraviado que entrou na sua mente. Ele nada provocou, porque você não lhe deu atenção. Depois surgiu outro, que você considerou com mais cuidado, se você entende o que digo. Por fim, você passou a levar em conta várias possibilidades e, ao fazê-lo, permitiu que uma velha conhecida sua mostrasse a carantonha. Foi a tirana a quem você dá o nome de 'dúvida'. Ela surgiu na sua cabeça e teria passado despercebida se não recebesse de você o convite de ficar e lhe fazer companhia.

"Não falo em termos literais. Quero apenas dizer que você permitiu que as suas dúvidas tomassem conta de você. Você se esqueceu de seus momentos de sucesso e triunfos. Ignorou o fato de que acabara de aproveitar uma noite magnífica à qual não faltaram a gaita nem a viagem no tempo. Você cedeu terreno a dúvidas acerca de quem você é e do que está fazendo aqui. No instante em que o fez, abriu a porta ao medo. Com a entrada deste, sua perspectiva se alterou. Dê atenção especial ao fato de nada ter se modificado exceto o seu modo de encarar as coisas. Devido à sua mudança de percepção, todo o seu mundo pareceu ter sofrido alterações.

"Observe que a lua começou a desaparecer e você deixou de ouvir o som do mar. Foi então que você pressionou o botão branco."

"Você sabe que eu fiz tudo isso, Marla?"

"Naturalmente. Nós o estávamos acompanhando passo a passo pelo monitor. Nenhum mal lhe poderia ter acontecido, mas estávamos preocupados com a possibilidade de você ter problemas em termos emocionais, o que poderia ter feito você se sentir totalmente mal. Assim, alegro-me que você tenha me chamado e que eu pudesse vir ajudá-lo."

"Tudo tem um sentido, não é, Marla?"

"Sim. Há algumas exceções, que são extremamente raras. Em geral, tudo tem um propósito", respondeu ela.

"Bem, diga-me que lição acabei de aprender."

"É simples: acredite em quem você é. Tenha fé em si mesmo e em Deus. Confie na sua orientação interior. Não se entregue à dúvida e ao medo. Não existe nenhuma complexidade nisso."

"Agora que você explicou, parece muito fácil."

"Outro problema das pessoas", prosseguiu ela, "reside no fato de elas se recusarem a pedir ajuda, mesmo quando sabem que há assistência à sua espera. Algum orgulho tolo ou conceito distorcido de independência as impede de pedir. Você também tem esse problema, John, mas desta vez você pediu. Você terminou por me chamar."

"Sim, lembro-me agora. Sempre há ajuda à nossa disposição. Não fomos atirados no cosmos como acidentes biológicos. Somos filhos do nosso Criador, dotados do poder de alterar a própria criação. Sim, sei todas essas coisas, mas por vezes também eu fico ansioso e me esqueço."

"É fácil esquecer quem se é. O medo, a frustração, a raiva, a dúvida, a ambição, o egoísmo... eis as razões do esquecimento. Amor, paz, júbilo, quietude, compaixão, solidão... eis os elementos que nos ajudam a recordar; eles nos ajudam a reforçar a nossa unidade com Deus e a validar a nossa existência e a nossa importância. As pessoas estão de tal forma ocupadas tentando ganhar a vida que não têm tempo para construir uma vida."

Estivéramos caminhando todo esse tempo. A tranqüilidade e a confiança de horas antes tinham voltado. Paramos um pouco para respirar o fresco ar do oceano. A lua estava cheia outra vez, e o rugir das ondas se juntava ao roçar das folhas para criar uma sinfonia mais hipnótica do que a canção mística das sereias de Ulisses.

Viramos na direção oposta para voltar ao ponto em que eu estava quando Marla apareceu. Refleti acerca daquela estranha noite enquanto olhava para Marla. "Como são diferentes os nossos mundos!" — pensei. Como ela era perfeita ou próxima da perfeição, uma mente e um espírito radiantes num corpo atraente! O luar, refletindo em seus cabelos dourados esvoaçantes, criava miríades de estrelas dançantes em torno de sua cabeça. Não era preciso muita coisa para imaginar como era fácil apaixonar-se por semelhante visão.

Ficamos quietos por algum tempo, simplesmente fruindo a paisagem e os sons circundantes. Por isso levei um susto quando ouvi a voz de Marla dizer: "Eu nunca pude entender como os seres humanos 'caem' de amor. Seria muito melhor se se 'levantassem' de amor."*

"Lá vem você lendo outra vez os meus pensamentos, Marla", eu disse, um tanto embaraçado.

"Eu nunca faço isso. Não é permitido violar a privacidade alheia. Só em algumas situações de emergência, e mesmo assim em benefício da própria pessoa, se faz isso."

"E como você sabia o que eu estava pensando?", perguntei.

"Nossos pensamentos se fundiram por um momento, de modo que pude perceber a essência do que estava na sua mente. Você faz isso o tempo todo, você bem sabe. Quantas vezes, nos últimos anos, você pôde responder às perguntas das pessoas antes mesmo de elas serem formuladas?"

"Sim, eu sei o que você quer dizer", falei. Agora eu estava pensando em Mardai e nos anos que tínhamos passado juntos. Lembranças do passado começaram a fluir, rápida e furiosamente, pela minha cabeça. Mas dessa vez eu não seria vencido pelas emoções. Em vez disso, eu as dominaria.

"Marla, sempre achei que você conhecia minha mulher. Parece que há um vínculo entre vocês duas."

"Sim, eu a conheço. Conhecemo-nos muito bem."

"Você sabe onde ela está agora? Como ela vai e o que faz?" Minhas palavras saíam com tanta velocidade que Marla teve de me fazer parar.

---

*As expressões, em inglês, são: "*fall*" *in love* e "*rise*" *in love*.

"Calma, John, uma coisa de cada vez." Ela fez uma pausa e continuou: "Ela e eu, bem como outras pessoas, estamos juntas desde o princípio, se você insistir no 'tempo seqüencial'. Se você preferir pensar no tempo 'simultâneo', então estamos sempre juntas."

"Por favor, Marla, não torne as coisas tão complexas. Apenas me diga onde ela está e o que faz."

"Não há muito a dizer. Seu trabalho com você aqui no plano da terra física acabou. Se ela tivesse ficado mais, você não teria prosseguido com vistas a terminar o trabalho que você veio fazer aqui. Ela sentia que não tinha mais contribuições a dar ao trabalho que cabe a você, razão por que seguiu em frente, sabendo que, quando tiver terminado as tarefas que determinou para si, você se juntaria a ela.

"Ela sempre está perto de você, e mesmo nesta noite, quando você se sentou sob a velha árvore, a presença dela estava com você. Um amor que nasce da eternidade dura toda a eternidade. A única realidade, no céu ou na terra, a única coisa que conta, é a profundidade e a sinceridade do nosso amor. O amor dela por você sempre foi sincero e firme. Ela o ajuda no seu trabalho e na sua vida diária. Ela observa as crianças e lhes dá assistência no seu desenvolvimento. Ela é agora tão parte de sua vida como o tem sido sempre. A única diferença reside no fato de a sua presença física ter desaparecido; mas o corpo espiritual jamais pode morrer. Você nunca a perdeu. O amor nunca perde. Você e Mardai estão ligados por vínculos que têm a extensão do próprio universo.

"Continue o seu trabalho. Isso vai deixá-lo feliz. Assim como vai deixá-la feliz. Você tem alguns bons amigos, seus filhos, sua saúde, seu sentido de propósito. Você conseguiu acumular uma sabedoria considerável na sua jornada. Use-a bem. Gideon e eu estamos aqui para ajudá-lo. Chame-nos quando precisar de nós. Mardai compreende, mais do que você imagina, as situações em que você se encontra. Ela o ouve quando você lhe fala. Ela também responde às suas perguntas e muitas vezes lhe fala, mas você ainda não a ouve com clareza. Continue a praticar."

Marla ficou em silêncio. Tínhamos andado bastante enquanto conversávamos. Eu sabia que se aproximava o momento do seu retorno aos amigos que deixara no restaurante. Contudo, eu já não estava preocupado, temeroso nem frustrado.

"Imagino que você pretenda partir agora", falei.

"A não ser que você precise da minha permanência."

"Não. Além disso, logo vou ao seu encontro."

"Então eu me vou. Há muita coisa em que você precisa pensar." Dando-me um forte abraço, ela sorriu. Ficamos ali por mais algum tempo até que eu me virasse e retornasse à casa de Donald. Quando me virei, Marla desaparecera.

Caminhei na ponta dos pés para não despertar meu anfitrião, que dormia. A essa altura, eu estava cansado. Fora uma noite movimentada, cheia de diversões e lições. Somos de fato nossos melhores amigos, mas há momentos em que também podemos ser os nossos maiores inimigos. Pouco depois, entreguei-me ao sono.

Pela manhã, agradeci a Charlie e a Donald a sua hospitalidade. Falamos um pouco sobre as suas esperanças com relação à cidadezinha, e eu prometi visitá-los outra vez algum dia. Eu também iria ter saudade deles. Com tristeza, eu me despedi e apertei o botão vermelho no meu controle remoto, enquanto retratava, diante dos olhos da mente, Gideon, Marla e Theo. Em segundos eu estava de volta, sentado perto deles no restaurante. Eles pareciam estar no meio da mesma conversa que estavam tendo quando parti.

"Bem-vindo de volta, John", disse Gideon. "Sei que você fez uma excelente viagem. Bem-vindo de volta."

Capítulo 11

Um sonho é um sonho é um...

Embora eu tivesse partido, o tempo parecia ter ficado parado. Eu ouvira falar dessas coisas antes e até as vivenciara uma ou duas vezes, mas sempre que acontecem elas são para mim uma novidade, um evento excitante. Antes de eu poder dizer qualquer coisa a Gideon, Theo perguntou: "Quer alguma sobremesa, John?"

"Não, obrigado", repliquei. "Já tenho bastante alimento para o pensamento."

"Sim, entendo", disse ele. "Às vezes as pessoas passam tanto tempo alimentando o corpo que descuidam de alimentar a mente e o espírito."

"Bem", repliquei, sem saber o que dizer, "foi com certeza uma noite interessante. Creio que agora só desejo ir para casa."

Gideon perguntou: "Você está cansado?"

"Cansado não, Gideon. Apenas quero me afastar um pouco dessas coisas do outro mundo. Ingeri-las em demasia pode causar, como você sabe, indigestão mental. Talvez eu ainda não esteja preparado para tudo isso. Amanhã terei de voltar ao mundo comum, cotidiano, atender ao telefone, trabalhar, cuidar das crianças, pagar contas e..."

Gideon me interrompeu: "Vamos, vamos, nada de começar com isso outra vez. Você fala de trabalhar e de todas as outras tarefas que você tem de realizar como se fossem coisas terríveis a serem evitadas a todo custo. Eu já lhe disse que, quando o seu trabalho se torna uma fonte de prazer, quando você está fazendo as coisas que mais quer fazer, quando está servindo aos outros e não a si mesmo, as recompensas são sobremodo abundantes. Sirva aos outros, e você estará fazendo uma doação de si mesmo. Faça essa doação e o retorno será garantido".

"Está bem, Gideon", repliquei. "Vou tentar compreender melhor os outros e a mim mesmo. Tentarei manter essa perspectiva em tudo." Eu queria mudar o rumo da conversa sem parecer rude, mas ele não iria me deixar em paz com facilidade.

"John", disse ele, com vigor, "não fale de 'tentar'. 'Tentar' é uma das palavras mais negativas da língua. Sempre que uma pessoa diz que está tentando, a tradução é que não há um verdadeiro compromisso. Quando falamos de 'tentar' ou pensamos em 'tentar', o subconsciente sabe que não falamos a sério. Não 'tente'; 'faça' ou 'não faça'."

"Obrigado, Gideon", falei em tom de desculpa por me esquecer de coisas que sabia.

"De nada, John", foi a sua resposta. "Veja o Theo aqui. Ele tem passado por maus bocados, mas ainda assim continua trabalhando, mesmo tendo de remar contra a corrente. Entretanto, sei que ele gosta do que faz."

"O que você faz, Theo?", perguntei.

Theo respirou fundo, me encarou e disse: "Trabalho nas árvores, John".

"Nas árvores?", perguntei, com uma expressão tola. "Nas árvores? O que você faz exatamente?"

"Não fique tão surpreso", disse Theo. "Deixe-me explicar. Sua fonte primária de alimentos na Terra vem das fábricas que vocês chamam de 'árvores'. Há séculos as pessoas vêm destruindo sistematicamente a vegetação da Terra. A situação chegou a um ponto crítico. Suas florestas tropicais estão sendo dizimadas, seus rios estão poluídos e, em algumas áreas, o ar ficou irrespirável. As pessoas pensam que não têm nada com isso, mas posso garantir que é dever de todos fazer alguma coisa. Se as condições não forem revertidas o mais rápido possível, seus filhos e netos vão padecer. Minha tarefa é ajudar a interromper a destruição ambiental do seu planeta. Há alguns de nós trabalhando nisso. Às vezes parece em vão, mas continuamos a nos esforçar. Vemos alguns sinais de mudança, embora poucos."

"O que posso fazer para ajudar?"

"Na realidade, muita coisa", disse ele. "Você e seus filhos podem plantar algumas árvores no quintal e cuidar melhor das que já têm. Se todos fizessem isso, ocorreriam notáveis mudanças. Há muitos grupos que labutam para salvar o ambiente. Ajude alguns deles. Escolha com todo o cuidado os produtos que você usa em casa. O papel vem das árvores; dê apoio a empresas que reciclam papel. Envie seus jornais velhos a uma unidade de reciclagem. Isso pode tirar mais alguns minutos do seu tempo, mas são uma considerável ajuda. Cada pessoa pode fazer pequenas coisas para ajudar. E um bom número de pequenas coisas produz imensos resultados."

Ali estava eu, preocupado com os grandes problemas da minha vida, e lá vinha Theo me falar de árvores. Contudo, o que ele dizia realmente tinha sentido. Por vezes ficamos tão ocupados com coisas que nos parecem importantes que negligenciamos questões que realmente importam — nossos filhos, nossos companheiros, nossos amigos, a nossa Terra.

"Acho que vou tomar mais um pouco de vinho", falei, estendendo a mão para a garrafa. Pus um pouco no meu copo e ofereci aos outros. Era por certo o melhor vinho que eu já pusera na boca.

"Alguns amigos meus, religiosos radicais, afirmam que vou para o inferno por beber isso, Gideon." Eu estava apenas fazendo um comentário, sem esperar resposta, mas Gideon mesmo assim deu a sua opinião.

"Você se lembra de Jesus?", perguntou ele. "Ele gostava de vinho. Seu primeiro milagre, como o registra o relato, foi transformar água em vinho. Ele foi um convidado requisitado em Jerusalém, como você sabe. O segredo é a moderação em todas as coisas, John. O excesso de qualquer coisa causa desequilíbrio. Aprecie o vinho, não beba demais, não o analise."

"Já que você falou em Jesus, você se lembra de você, eu e Marla naquela festa anos atrás? Eu gostaria de repetir a dose. O que você acha? Seria possível?", perguntei.

"Foi uma grande reunião", disse Marla, "mas foi também uma situação espaço-temporal diferente. Você aprendeu tanto com a experiência que foi capaz de passar por alguns dos mais difíceis anos de sua vida sem desistir. De que você mais gostou lá, John?"

Percebi que ela não respondera à minha pergunta, fazendo-me em vez disso outra. Nem Marla nem Gideon usavam palavras por usar. Tudo o que diziam tinha um significado mais profundo. Cada interrogação que faziam tinha sentido.

"Não estou muito certo se aquilo foi um sonho ou se de fato ocorreu, Marla. Faz muito tempo. Creio que, de qualquer maneira, isso não tem de fato tanta importância." Falei tudo isso sem pensar muito no que dizia.

"Tenha paciência, John!", disse Marla. "Você se encontrou com Deus e diz que não tem importância? Você fez perguntas a Jesus, a Buda, a Ghandi e a outros, e fica querendo saber se se tratava de sonho ou de realidade? Você conversou com o seu pai, falecido há anos, e crê que tudo pode não ter passado de imaginação? Ouça, John, há uma linha deveras tênue entre a realidade e os sonhos. Em sua dimensão específica, estes e aquela são reais. O segredo está em saber o que é o quê, bem como usar as informações obtidas deles."

"Bem, lamento pela minha cabeça dura, Marla. Há momentos em que a vida nos deixa extremamente perplexos. Num dia você está bem e tudo parece perfeito. No dia seguinte você está mal e o mundo inteiro parece estar se voltando contra você. Eu realmente gostaria que Deus me dissesse em poucas frases simples como fazer a vida funcionar. Seria possível conseguir outro encontro para que as minhas perguntas fossem respondidas de uma vez por todas?"

Dessa vez, foi Gideon quem respondeu. "Poderíamos conseguir um encontro seu com as personalidades a que você se referiu. Mas lembre-se de que elas não podem mudar a sua vida. Só você pode fazê-lo. Diga você o que disser sobre a vida, uma coisa é certa: *a vida é,* apenas é. Nada de mortes nem de impostos; somente a vida e o universo."

"Creio que hoje pareço ser um pobre convidado para o jantar, meus amigos", falei. "Talvez isso se deva ao fato de eu estar cansado, precisando de algum descanso. Podemos ir agora? Falaremos dessas coisas em outra ocasião."

Theo se levantou, desejou que tivéssemos uma boa noite, disse adeus e nos deixou ali.

"Sim, é hora de voltar", disse Marla enquanto nos preparávamos para sair.

"Obrigado por uma excelente noite", falei. "Eu gostaria de ter sido uma melhor companhia."

"John, pare de se menosprezar. Você já o fez bastante no passado. Nós apreciamos a sua companhia. Você simplesmente está se esforçando para aprender mais, saber mais e ser uma pessoa melhor. É por isso que faz tantas perguntas. Você nunca nos incomoda. Amamos você demais. Vamos. Depois de uma boa noite de repouso, você vai se sentir melhor."

"Obrigado, Gideon. Faça-me o favor de deixar que eu pague a conta."

"Não, John. Ela vai para a conta de despesas. Não se esqueça de que trabalhamos na G & M Enterprises. O salário é de primeira classe e os benefícios excelentes."

"Por que você não me consegue um emprego em sua firma, Gideon?", perguntei. "Eu de fato podia fazer bom uso de alguns desses benefícios e tenho a certeza de que iria gostar do aumento de salário."

Seu olho tinha aquele brilho outra vez quando ele respondeu: "Você já trabalha nela, John. Na verdade, você, Marla e eu somos do mesmo departamento. Seu problema é pensar que trabalha para outrem quando de fato trabalha só para si e para a companhia".

"O que você quer dizer?", perguntei, mas ele nada mais explicou.

A essa altura, estávamos na frente do prédio. A mesma limusine estava estacionada, pronta para nos levar. Quando entramos, Marla se recostou e sussurrou: "Foi uma noite muito agradável. Logo nos tornaremos a ver".

As portas se fecharam e eu ouvi a campainha do telefone. Por que alguém estaria ligando agora? Eu estava morrendo de sono e os meus olhos devem ter-se fechado por um segundo. O telefone continuou a tocar e eu dei um salto. Para minha surpresa, vi-me deitado na cama, em casa; o som vinha do aparelho da mesinha-de-cabeceira. Estendi o braço e o alcancei, sem saber com certeza onde estava ou o que estava acontecendo.

"Alô!", eu disse, olhando para o relógio; ele marcava 7:11. Já amanhecera. "Alô!", repeti.

A voz do outro lado respondeu: "É a sua chamada-despertador, Sr. H. Tenha um bom dia!"

Antes de eu poder dizer qualquer outra coisa, ouvi o ruído de desligar. Pus o fone no gancho e sentei-me na cama para pôr a cabeça em ordem. Não uso o serviço de despertador. Eu tinha de organizar as idéias. Como eu chegara ali? Eu me lembrava de ter saído para jantar na noite anterior com Marla e Gideon e de ter tomado providências para deixar as crianças acompanhadas. O restaurante, Theo, Gideon e Marla estavam nítidos na minha mente. Lembrei-me da cidadezinha escocesa à beira-mar, das gaitas de foles, de Charlie e de Donald. Para dizer o mínimo, eu estava confuso e um tanto desorientado.

Quando eu estava procurando juntar as peças, houve uma batida na porta do quarto e, como às vezes fazem, Malika e Jonathan entraram.

"Oi, papai!", gritou Jonathan.

"Pensamos que você estivesse dormindo", disse Malika. "Mas quando ouvimos o telefone tocar, soubemos que você devia estar acordado."

"Oi, crianças. Tudo bem?", falei.

Eles devem ter percebido a consternação no meu rosto. Malika falou: "Sim, tudo bem. Qual o problema, papai?"

"Nada. Você e Jonathan se divertiram a noite passada? Espero que não tenham dado trabalho à *baby-sitter*."

"*Baby-sitter?*", ela perguntou. "Que *baby-sitter?*"

"A que cuidou de vocês a noite passada. Do que vocês acham que estou falando?", repliquei.

"Não tivemos uma *baby-sitter* a noite passada, papai. Tem certeza de que está bem?"

"Talvez você estivesse sonhando e o telefone o acordou no meio do sonho", disse Jonathan.

Eu os olhei com curiosidade e disse: "Sim, eu devia estar sonhando. Mas parecia tão real!"

"Conte-nos o seu sonho, papai", disse Malika.

Não querendo dizer muito, repliquei: "Era algo sobre eu ir jantar com amigos e deixar você e Jonathan com uma *baby-sitter*. Os sonhos são assim, vocês sabem. Eles parecem muito reais".

"Quando você veio do escritório à noite, estava tão cansado que logo depois do jantar disse que precisava de uma soneca. Pôs as roupas de dormir e logo dormiu. Era bem cedo. Você realmente dormiu muito tempo. Espero que esteja descansado agora, sentindo-se muito melhor", disse Malika.

"E você deixou as luzes acesas, papai. Malika e eu apagamos todas", disse Jonathan.

"Bem, obrigado. Vamos nos lavar e tomaremos café em alguns minutos", falei.

Levantei-me e depois de algum tempo desci para o café. Os sábados e domingos sempre foram dias muito especiais para mim e as crianças. Durante a semana, elas vão à escola e eu ao escritório. Mas nos fins de semana passamos todo o tempo possível juntos. Elas crescem bem rápido e se vão. Eu queria aproveitar cada momento passado com elas. Embora possa parecer que criar filhos é noventa por cento pura frustração e dez por cento pura satisfação, creio que a alegria e o amor fazem isso valer a pena. Como a maioria dos sábados, esse prometia ser divertido. Depois do café, as crianças foram visitar um amigo por algumas horas. Depois que elas saíram, subi e decidi arrumar alguns livros enquanto ouvia música. O sonho da noite passada ainda estava vívido. Se eu prestasse atenção eu ainda podia ouvir o som lamentoso de uma gaita de foles e o som das ondas de arrebentação da cidadezinha.

Com o pensamento voltado para tudo em geral, mas para nada de particular, eu começava a enviar o sonho para o fundo da mente quando percebi uma folha de papel aos pés da cama. O papel vem das árvores, murmurei enquanto me agachava para pegar a folha. Árvores? Theo falou de árvores a noite passada. Quem era Theo? Ah, o sonho, claro. Bem, os sonhos são sonhos e a realidade, realidade, sendo, portanto, dois segmentos da vida — assim iam os meus pensamentos.

Olhei o que estava na folha de papel, supondo que fosse de Malika ou de Jonathan. Ali, em letras belamente escritas, estavam as palavras: "Jantar no Restaurante à Beira da Eternidade —19:00". Olhei outra vez, e fiquei ali tomado pelo espanto. Talvez o meu sonho nada tivesse de sonho.

Capítulo 12

Isso também vai passar

Passaram-se dias sem sinal nem comunicação por parte de Gideon e Marla. Embora isso não fosse incomum, eu tinha grande necessidade de discutir o meu sonho com eles. Teria sido de fato um sonho? E, se não fosse, o que teria acontecido? As tarefas comuns da vida diária assumiram outra vez o controle, e eu me ocupei com os problemas que tinha diante de mim. Os prazos fatais pareciam estar em toda parte. Nunca gostei da expressão "prazo fatal" e já fiz algumas débeis tentativas para transformá-la em "prazo vital". Como a alternativa também não tinha sentido, então desisti, preferindo cuidar das obrigações cotidianas. Gideon, Marla e o meu sonho foram parar no fundo da minha memória.

Certa noite escureceu mais cedo do que era comum. Nuvens negras, gigantescas, surgiram do leste e cobriram o céu. Raios e ruidosos trovões cortavam o ar. Lembrei-me do poderoso Thor atirando os seus raios raivosos sobre pessoas acovardadas e assustadas. E veio a chuva. A previsão do tempo dissera que ia chover pesadamente a noite inteira. As estações de rádio e de televisão advertiam para a possibilidade de inundações repentinas e havia boatos sobre tornados. Eram incomuns os tornados na nossa área.

Malika, Jonathan e eu ficamos assistindo às reportagens da televisão. Eu só vira um tornado no filme *O Mágico de Oz*. Eu não tivera vontade, e ainda não tinha, de ver um furacão de verdade. Que forças poderosas são eles, invadindo a terra, destruindo tudo o que encontram pelo caminho! A nossa casa fica num plano um pouco mais elevado do que as outras residências da vizinhança e está cercada de altos pinheiros e de outras árvores. Olhei pela janela e testemunhei a louca oscilação das árvores sob o vento. A tempestade ficara mais furiosa e manteria por toda a noite a sua violência.

Fomos dormir ansiosos. Pensei: "Como todas as coisas, isso também vai passar". Adormeci ouvindo o uivar do vento e o som da chuva ao se chocar com as paredes. Por volta das 6 da manhã, acordei. Tive a impressão de que toda a casa tremia. Um tanto assustadas com o fenômeno, as crianças tinham ido para o meu quarto e olhavam para fora pela janela. Já estava ficando mais claro quando me levantei e contemplei uma das mais surpreendentes cenas que eu já vira.

A chuva era uma capa de água e o vento soprava com tal força que algumas árvores altas do quintal do vizinho tinham se partido em duas. Um pinheiro alto e imponente, que estava a pouco mais de nove metros de distância da minha janela, balançava de um lado para o outro como um pêndulo enlouquecido.

"Você acha que ele vai cair sobre a casa, se se partir?", perguntou Malika, fazendo-me voltar a considerar o potencial perigo.

"É possível", respondi com o máximo de calma que consegui.

"Não é melhor irmos para o porão, papai?", perguntou Jonathan. Assim que ele falou, faltou luz.

"Sim, Jonathan, mas ainda não. Acho que as coisas vão melhorar." Eu disse isso antes com a esperança de tranqüilizar as crianças do que por ter alguma convicção real. Outro trovão ecoou, e ouvi uma voz na cabeça me dizer: "Mil cairão ao teu lado, e dez mil à tua mão direita, mas nenhum te atingirá".

Repeti as palavras para mim mesmo, lembrando-me de que elas são do Livro dos Salmos. Anotei mentalmente a verificação da procedência. As palavras se mantiveram por mais alguns segundos e então a casa inteira balançou com outro raio. Fiquei de pé, observando; uma testemunha reverente da força da natureza. Uma súbita calma se apossou de mim, e eu soube com grande certeza que tudo acabaria bem.

As crianças, entretanto, iam ficando cada vez mais assustadas. Eu as abracei e disse, com uma voz calma e segura: "Vamos, não é preciso ter medo. Estamos no meio de uma grande aventura. Aproveitem enquanto ela não acaba". Um tanto mais tranqüilas, elas foram se recompondo, libertando-se dos seus temores.

"Não estamos com medo, papai", disse Jonathan. "Apenas preocupados com você." Dando um sorriso confiante, ele voltou a brincar com seus aviões e espaçonaves. Em sua mente inocente, ele passava sobre a chuva, o vento e as tormentas e enfrentava os inimigos da galáxia. Malika disse simplesmente: "Hoje nós vamos fazer o café, papai".

"Mas não temos eletricidade", falei.

"Logo vai voltar", replicou ela.

Enquanto eles desciam na direção da cozinha, a força voltou. Eu pude ouvi-las gritando e vi que as árvores oscilavam menos. Até a chuva ia gradualmente diminuindo, e em uns quinze minutos tudo parecia ter voltado ao normal.

Tudo, menos as árvores quebradas pelo caminho. Logo peguei uma jaqueta e fui ver os danos causados. Eu estava esperando pelo pior e passei algum tempo olhando ao redor. Com exceção da lata de lixo, que fora jogada no quintal do vizinho, não havia danos.

E, no entanto, havia por toda a parte sinais de destruição. Lembrei-me outra vez das palavras: "Mil cairão ao teu lado, e dez mil à tua mão direita, mas nenhum te atingirá". Como isso é reconfortante e verdadeiro! E ouvi outras vozes. "Mantém-te firme e vê a vitória do Senhor que Ele vai conseguir hoje para ti." Por fim, tudo ficou calmo. Aqueles versículos, eu os tinha aprendido na escola dominical. Não obstante, estava contido neles um grande conforto. Uma sensação avassaladora de gratidão encheu o meu coração, e tudo o que pude dizer foi: "Obrigado. Obrigado pela sua ajuda, mais uma vez".

De repente, o sol surgiu entre as nuvens e inundou a área de calor e de esperança. Surgiram pássaros como se vindos do nada e, a distância, a curva do arco-íris emergiu e desapareceu pouco a pouco. Voltei para dentro de casa e ajudei as crianças a preparar o café.

Mais tarde, dirigi pela vizinhança. Havia árvores caídas, linhas elétricas partidas e detritos por toda a parte, mas felizmente ninguém se ferira. Em poucos dias, boa parte daqueles problemas seriam sanados. Haveria muitas queixas e alguns, que tinham sido mais prejudicados do que os outros, olhariam ao redor e diriam: "Por que eu?" Sempre que vejo alguém dizendo isso, eu me encolho. "Por que eu, Senhor? Por que não o outro sujeito? Por que deixar que eu perca o meu emprego, a minha casa, ou qualquer outra coisa?" Como podemos ser egoístas às vezes! Serão os infortúnios menos terríveis para os outros do que para mim?

O importante não é saber que as coisas acontecem a mim ou a outras pessoas, mas que elas acontecem. Isso serve para que aprendamos com o que está acontecendo e saibamos que isso não vai durar para sempre. A vida é o curso de um rio — ela está em constante mutação. Tudo se transforma e o pobre de hoje pode ser o príncipe de amanhã, assim como a indiferença de hoje pode ser a lamentação de amanhã. Até o tempo é uma indicação da freqüência da mudança. Na noite passada e nesta manhã, fortes chuvas e ventos violentíssimos; mais tarde, um belo sol e uma delicada brisa. Sempre haverá mudanças no mundo, mas alguma coisa no meu íntimo diz que uma parte de mim — uma parte de todos nós — é imutável, achando-se fora do alcance das tempestades. Essa parte existe em nós desde tempos imemoriais e, em nossos momentos de calma, se ouvirmos com atenção, podemos ouvi-la nos falando.

Essa parte de nós que parece saber, que parece ficar tão silente e serena, essa parte divina aí posta pelo Criador é infinitamente amorosa, infinitamente delicada, constituindo sempre a nossa consciência e o nosso guia. De certo modo, eu me sentia salvo e seguro do meu mundo naquele momento. Eu não temia seqüências de eventos nem conseqüências. Estava apenas grato por um novo mundo estar se abrindo para mim com tamanha rapidez.

Quando cheguei em casa, a primeira coisa que ouvi foi o telefone. Tenho preferido, nos últimos tempos, não atender ao telefone, deixando que as crianças o façam. Não que os telefones me desagradem. Há um motivo muito mais simples: sempre que atendo ao telefone, a chamada é para um dos meus filhos, precisamente o que estiver do outro lado da casa. Há uma estranha brincadeira infantil: cada criança espera que a outra atenda e, com efeito, a chamada nunca é para quem atende.

Desta vez era para mim. Jonathan me passou o fone. "Alô", eu disse.

"Olá, John", disse a voz do outro lado. "Lamento incomodá-lo em casa, mas um amigo comum me deu o seu número e disse que eu devia ligar para você. Meu nome é Karman, James Karman. Você dispõe de um pouco de tempo?"

"Sim, claro. Creio que sim", respondi.

"Você pode me ajudar? Meu amigo disse que você sempre está disposto a ajudar. Veja, meu filho perdeu o emprego há alguns meses. Ele está muito deprimido e eu fico de coração partido ao vê-lo sofrer assim. Ele tem mulher e dois filhos. Ele tem procurado outro emprego, mas não tem tido sucesso. Você poderia me sugerir algo que ajudasse?" O desespero em sua voz era evidente. Mas por que ele ligara para mim? Eu não tinha como ajudar aquele homem nem o seu filho. A dor e a impotência em sua voz me fizeram lembrar da época em que fiquei à cabeceira da cama de minha mulher, sem nada poder fazer para mitigar a sua dor. Talvez o "inferno" seja ficar observando um ente querido sofrer sem poder levantar um dedo para ajudá-lo.

"Sinto muito por isso", falei, "mas não sei se há algo que eu possa fazer para que ele consiga um emprego. Nem sei por onde começar. Há anos estou longe da vida empresarial e perdi todos os meus contatos."

"Não, não, John", ele se apressou em dizer. "Não quis me referir a uma ajuda para ele conseguir emprego. Eu quis lhe pedir que você falasse com ele, ajudando-o a se encontrar, dando-lhe algumas dicas sobre como seguir em frente. Pelo que me disse o nosso amigo comum, você conhece muito bem essas coisas. Ajude-o, por favor."

Senti muita compaixão por aquele homem e pelo seu filho. Acorreram-me lembranças de quanto o meu pai quisera me ajudar quando eu estava perdendo tudo o que possuía. Recordei-me de que ele não pudera me socorrer com nenhuma quantia para que eu seguisse em frente. Mas o que ele me dera valia muito mais do que a riqueza material. Ele me infundira coragem e confiança em mim mesmo, e me ajudou a ter uma visão bem mais ampla das coisas. Quantas vezes, no passado, eu ansiara por alguém com quem falar, alguém com sabedoria e compaixão que enunciasse a palavra ou frase que reacendesse as chamas da minha esperança. E surgira Gideon, que me ensinara que todos somos partes de um todo, todas conectadas entre si, e que sempre devemos ajudar-nos uns aos outros, cuidar uns dos outros, amar-nos uns aos outros.

"James", disse eu, falarei com o seu filho. Diga-lhe que me ligue logo que puder."

"Ele está aqui comigo", disse James. "E, se não for inconveniente, você poderia falar com ele agora?"

"Claro; ponha-o na linha. Verei o que posso fazer. A propósito, James, quem é o amigo comum que lhe falou a meu respeito?"

"Bem", James hesitou, "ele não é bem um amigo íntimo. Para dizer a verdade, só nos vimos uma vez. Eu estava sentado num bar sentindo-me realmente desanimado. Eu devia ser o retrato da depressão quando ele entrou. Ele olhou para mim, me viu, foi até onde eu estava e perguntou se podia me fazer companhia. Falamos por algum tempo e ele sugeriu que eu ligasse para você. Ele falou para eu dizer a você que o seu nome é Gideon, e que você entenderia."

"Claro, claro", falei. "Gideon anda muito por aí. Ele é um velho amigo meu." Fiz uma anotação mental para perguntar a Gideon o que ele pretendia dando o meu número de telefone a toda pessoa que encontrasse. A essa altura, a voz do outro lado se modificara. Eu falava agora com o filho de James Karman.

"Alô! Meu nome é Jess Karman. Meu pai disse que eu devo falar com o senhor." Ele estava mais nervoso do que qualquer pessoa com quem eu falara em muito tempo. Tentei de imediato deixá-lo à vontade. Embora eu estivesse um tanto contrariado por ter de tratar naquele dia dos problemas alheios, uma voz não parava de me lembrar de que sempre que ajudo outras pessoas a resolverem o seu problema, também estou solucionando o meu.

"Jess, diga-me o que está acontecendo com você. Sei que você não está trabalhando, que perdeu o emprego." Tentei ser o mais compreensivo possível.

Jess então começou a sua história sobre como as coisas estavam difíceis, como as empresas não eram justas, como ele trabalhara duro por muito tempo apenas para ser substituído por alguém mais barato para a empresa. Falou do sofrimento da mulher e dos filhos e até de como o seu pobre pai acabou por se envolver. Ouvi com atenção por algum tempo. A sua maior necessidade parecia ser ter alguém que o ouvisse e se importasse com ele. Falamos por cerca de uma hora, e eu lhe indiquei as coisas pelas quais ele devia ser grato — ele tinha a sua família, sua saúde, sua juventude, e, se pudesse controlar o seu medo e recuperar sua confiança, voltaria a ter sucesso.

"Ouça, Jess", eu disse, pondo um fim à conversa. "Nunca perca o seu sentido de propósito. Para o sucesso nesta vida, só há duas coisas necessárias: o sentido de propósito e um toque de loucura. Esses são os dois ingredientes mais importantes da receita do sucesso. Encare os seus temores e chegue a um acordo com eles. Todo medo é precipitado pela consideração da perda. Você só perdeu um emprego.

Mas o emprego certo está à sua espera. Acredite em seu Deus e em si mesmo. As coisas estão trabalhando a seu favor. Mantenha-me informado."

Quando desliguei o telefone, tive um sentimento de satisfação por ter podido ajudar alguém. Fiquei contente por poder passar algum tempo ajudando um companheiro na jornada da vida. Nesse momento, as antigas verdades se mostraram outra vez claras na minha mente. É ajudando os outros que se é ajudado; é dando que se recebe; e é amando que se é amado.

Capítulo 13

Por que caminhar sobre a água quando se pode voar?

Há muito tempo, percorri as aldeias de países estrangeiros, experimentando os prazeres de várias culturas e assimilando a experiência ampliadora das viagens internacionais. Foi uma estranha vida a que levei. Ela me fez cruzar continentes e oceanos, selvas e planícies, e me levou à presença de príncipes e pescadores, de ricos e pobres. Estive em muitos lugares, vi e passei por muitas coisas. Contudo, um lugar onde nunca estive é o lugar ocupado por outra pessoa — não digo fisicamente, mas num sentido mais emocional e espiritual.

A maioria das nossas guerras, dos nossos conflitos, seja em grande escala, no nível mundial, ou no nível mais simples, mais comum, da vida diária, se deve principalmente à nossa tendência de julgar os outros. Com que facilidade, para dar um exemplo, tenho podido assumir uma atitude de indignação farisaica e me apegar com tenacidade ao meu ponto de vista, em detrimento de tudo o mais! As pessoas fazem coisas por razões tão pessoais e individuais que até elas mesmas não compreendem por quê. Lembro-me da pessoa que, em sua busca da verdade, tirou todas as roupas na hora do almoço e se atirou num lago gelado. Assim que ela emergiu, o que foi quase instantaneamente, um observador lhe perguntou por que fizera uma coisa tão estúpida. Sua resposta, creio eu, contém uma grande sabedoria. Ela declarou: "Naquele momento parecia uma boa idéia".

Pouco importa o que fizemos; fizemo-lo porque nos pareceu uma boa idéia naquele momento. O segredo consiste em aprender com os erros passados e corrigir as nossas ações presentes e futuras, evoluir para uma ordem superior de existência e deixar que a compaixão, o amor e a compreensão floresçam. À medida que isso ocorrer, começaremos a ser mais tolerantes com as pessoas que nos cercam. Então, surge no nosso íntimo uma nova força, e descobrimos que as circunstâncias e eventos nada podem fazer para nos prejudicar. A partir dessa consciência, nasce para nós um dia novo e mais luminoso.

Desde o meu primeiro encontro com Gideon, tentei levar uma vida que fosse exemplo de muitos dos princípios que ele me ensinou. Houve momentos em que tive um sucesso estrondoso, períodos em que as coisas iam tão bem que eu chegava a imaginar como pudera não saber o que fazer em situações de crise. Mas também houve épocas em que, por mais que me esforçasse, nada dava certo. E eu ficava fora de mim, pensando o tempo inteiro que não havia sentido nem propósito na existência humana. Como eu persistisse na prática do que aprendera, ocorriam mudanças e, mais uma vez, coisas que antes se afiguravam impossíveis se realizavam de maneiras demasiado perfeitas para serem explicadas. Também me dei conta de que, sempre que mudava de foco, concentrando-me nos problemas dos outros, sempre que tentava ajudar o próximo em vez de mergulhar no meu próprio infortúnio, os eventos passavam a tomar o melhor rumo.

Naquele dia, enquanto me sentava na varanda, uma delicada brisa começou a soprar e um penetrante silêncio desceu sobre mim. A temperatura caiu alguns graus, mas permaneci ali, cada vez mais tranqüilo, num estado de crescente paz, contemplando a interação da natureza. No dia seguinte, eu faria uma viagem à Big City para tratar de assuntos rotineiros. Visitá-la era sempre uma experiência estimulante para mim, e a minha última viagem eu fizera há um bom tempo. Eu realmente ansiava pela experiência. Não seria uma viagem longa — apenas um dia. Eu sairia pela manhã e voltaria à noite, com um tempo de vôo de umas duas horas.

Sentado ali, fruindo a brisa, a serenidade e a idéia de ir à Big City, senti-me em união com o meu mundo. Isso era de fato relaxar. Era a "bênção do anoitecer". As tensões e pressões do dia se afastaram de mim, como ímãs que pareciam ter perdido a força. Eu aspirava o ar da noite fria e fiquei sentado ali, sem me concentrar em nenhuma coisa especial, permitindo que o meu corpo e a minha mente formassem um todo. Em poucos minutos senti-me tão revigorado que decidi entrar e fazer as malas para a minha viagem.

Passei algum tempo com as crianças e depois comecei a me preparar para o dia seguinte. Havia pouco a fazer e, como o dia seguinte seria longo, fomos nos deitar cedo. Dormir é uma dádiva. Acalma o coração agitado e devolve ao corpo e à mente do homem a força e a energia necessárias para continuar a viver um dia de cada vez. Devo ter dormido bem, porque ao acordar estava totalmente descansado e pronto para sair.

Cheguei ao aeroporto na hora certa e embarquei no meu avião. Era um dos primeiros vôos do dia e gostei de ver uma poltrona vazia ao meu lado. Sempre gosto que as poltronas adjacentes fiquem vazias, embora eu tenha a certeza de que as companhias aéreas não achem isso nem um pouco interessante. Havia lugares vagos dos dois lados da minha poltrona, na frente e atrás. Fiquei pensando em como era bom não ficarmos amontoados como sardinhas.

Depois da decolagem, ajustei o cinto e me preparei para aproveitar o vôo. Eu sempre gostei de voar. Desde que me lembro, tenho lido histórias sobre isso. Aos dezesseis anos, quase fugi de casa para entrar na Royal Air Force, na Inglaterra. Somente a sabedoria do meu pai e os apelos apaixonados da minha mãe me dissuadiram disso. Desde então, consegui me sair bem nas aulas de vôo, mas prefiro voar em jumbos comerciais do que em pequenos monomotores.

Um tapinha no meu ombro me fez virar e ver os rostos amigos de Gideon e Marla. Foi Gideon quem falou primeiro.

"Pensamos que você não se incomodaria se sentássemos um pouco com você, John."

"Vocês também vão para a Big City?", perguntei.

Ignorando a minha pergunta, ele disse: "Fico feliz por haver lugares vagos perto de você. Você se incomoda se nos sentarmos?"

"Não, não, sentem-se."

"Estamos a caminho da Big City", disse Marla enquanto ocupava com Gideon as poltronas próximo de mim, uma à direita e a outra à esquerda, como se eles fossem guardas armados vigiando um prisioneiro.

"Eu não sabia que vocês estavam neste vôo", falei. "Não os vi no aeroporto, embora tivesse chegado cedo, e por certo não teria deixado de vê-los."

"Nunca chegamos atrasados", disse Gideon. "Chegamos aqui na hora, não chegamos?"

"Aqui? No avião?", perguntei.

"Claro, John. Ouvimos dizer que você estaria neste vôo. E como temos uma reunião na sede, pensamos em nos juntar a você e fazer-lhe companhia por algum tempo. É sempre bom ver um amigo", disse ele.

"Como vocês chegaram ao avião?"

"Ouça", disse Marla, "para que caminhar sobre a água quando se pode voar?"

"John, há maneiras de viajar com as quais você ainda não está acostumado. Mas estamos aqui e isso é o que importa. Quanto tempo você vai passar na Big City?", perguntou Gideon.

"Vou voltar hoje à noite. E vocês?"

"Vamos voltar à noite ou amanhã. Não importa. Temos um encontro regional na sede. Deve durar só algumas horas. Você se lembra da nossa sede, não? Você a visitou há alguns anos."

"Claro que me lembro. Encontro com Deus e tudo o mais. Ele ainda está por lá?"

"E onde mais Ele estaria?", replicou Marla.

"Eu me pergunto algumas vezes", murmurei.

"Sempre cínico, não, John?", observou Gideon. E prosseguiu, sem esperar a minha resposta: "Você vai ter algum tempo livre? Talvez pudéssemos nos encontrar. Você precisa de algum relaxamento".

"Por que você não vai à sede conosco hoje à tarde?", perguntou Marla. "Nossa reunião não vai demorar e poderemos passar algum tempo juntos antes de você voltar para o aeroporto. Seria muito bom. O que você acha, John? O chefe também vai estar lá."

"Na última vez que estive lá foi glorioso e assustador ao mesmo tempo, mas eu adorei. Vocês sabem que não é todo dia que se encontra Deus."

"Não todo dia, mas a cada hora e a cada segundo encontramos Deus. Ele às vezes se preocupa com você. Ele nos pediu várias vezes que levássemos você para uma visitinha. Deus acha que você precisa de inspiração e de uma olhada mais de perto da companhia." Marla olhou para mim e fez um gesto de concordância, como se isso explicasse tudo.

"Deus se preocupa comigo?", perguntei, um tanto intrigado. "Julguei que Ele não se preocupasse. Só as pessoas se preocupam. E Ele perguntou por mim? Ele com certeza tem coisas melhores para fazer do que se preocupar comigo. Como vocês sabem, há mais de cinco bilhões de pessoas no mundo."

Gideon retomou a conversa. "Dizer que Deus se preocupa com você não significa dizer que Ele é preocupado. Marla quis dizer que Ele manifestou interesse pelo seu progresso na Terra. Ele quer que você cumpra a sua missão, realize o propósito com vistas ao qual você veio para a Terra. Ele se preocupa porque ama você e se importa com você. Ele deseja que você seja bem-sucedido."

"É difícil entender como um Ser tão forte, todo-poderoso, tenha tempo para os empreendimentos humanos triviais. Por vezes, em meus momentos menos iluminados, não consigo entender como Deus pode nos amar, se importar conosco e nos ajudar."

"Você não tem de entender sempre, John", replicou Gideon. "É mais importante que você aceite isso. Lembra-se das Escrituras? Deus se preocupa com os pardais, com os lírios do campo, com todas as coisas."

"Parece-me que já tivemos essa conversa antes. Ela sempre acaba do mesmo jeito. Tenho algumas coisas que gostaria de perguntar a Deus desta vez."

"Por que você não lhe pergunta hoje à tarde? Você vai vê-Lo. Mas você nem sempre gosta das respostas que Ele dá", disse Gideon.

"A propósito, vocês acham que terei tempo de visitar a sede e ainda pegar o avião?"

Marla e Gideon explodiram juntos em risos. Eu os olhei com uma expressão interrogativa. Recuperando a compostura, eles se entreolharam e Gideon disse: "É de fato muito engraçado, Marla. Eis aqui um homem que vai se encontrar com Deus hoje à tarde. Ele vai falar diretamente com o Todo-Poderoso, o Senhor da Criação, e se preocupa em saber se vai ou não pegar o avião".

Marla virou-se para mim e disse: "Sinto muito, John. Gideon e eu nos deixamos levar pelo caráter ridículo da situação. É que às vezes todo o cenário terreno parece bem absurdo. Pessoas que vão depressa à sinagoga, ao templo ou à igreja durante mais ou menos uma hora e voltam às pressas para casa, sem terem tempo para nada. E Deus fica, pacientemente, sempre observando e esperando, sempre disposto a ajudar. Mas como pode Ele ajudar se ninguém está ouvindo? Você sabe que Ele não interfere na nossa liberdade de escolha. Devemos nos dispor e confiar. Temos de ouvir a 'pequena voz imóvel' que nos fala a partir das partes mais profundas da nossa alma".

Gideon acrescentou: "Você vai ter hoje outra oportunidade de perguntar a Deus o que quiser. Não se preocupe com a questão de pegar o avião. Não há problema. Garantimos que você estará em casa com as crianças hoje à noite".

"Às vezes eu penso nas coisas que vocês fazem", falei, mais como um comentário carinhoso do que como uma censura.

"Encontraremos você depois do seu compromisso", disse Gideon.

"Bem, deixe-me dar o endereço", eu disse, procurando no bolso um papel e uma caneta.

"Sabemos onde você vai estar, John. Nós o encontraremos", disse ele.

Continuamos a conversar até o piloto avisar que logo iríamos pousar. Daquela altitude, Big City parecia tão calma que quase se poderia pensar que dormia. Mas ela é uma colméia em atividade todas as horas do dia e da noite. Em poucos minutos estaríamos em terra.

Gideon se levantou e disse: "Temos de voltar aos nossos lugares, John. Vemo-nos mais tarde".

Marla o seguiu, sorrindo ao passar. "Até mais tarde", disse ela, dirigindo-se com ele para a parte posterior do aparelho.

Foi um pouso normalíssimo. Minutos depois, preparamo-nos para desembarcar. Não havia necessidade de correr, pois tínhamos chegado na hora. Pensei em ficar mais algum tempo sentado à espera de Gideon e Marla. A essa altura, o avião já estava quase vazio, mas eu tinha a certeza de que não os vira passar. Pouco depois, levantei-me e olhei ao redor. Eu era a última pessoa a ficar no avião.

Marla e Gideon tinham conseguido outra vez. Desapareceram em pleno ar. Nem um pouco surpreso, peguei minha mala de mão, arrumei a gravata e saí do aparelho. Uma hora e meia depois cheguei ao hotel onde tinha um compromisso. Essa reunião duraria cerca de uma hora. Depois disso, eu estaria me encontrando com o chefe executivo e presidente do conselho da G & M Enterprises, Inc.!

Capítulo 14

À sombra do Todo-Poderoso

Tudo correu bem e, depois de tratar de algumas questões acerca de assuntos rotineiros de negócios, minha reunião terminou. Despedi-me e logo saí do hotel. Lá fora, encostado num poste, estava Gideon. Marla esperava perto dele. Aproximei-me deles.

"Marla, Gideon!", gritei, tentando me fazer ouvir acima do barulho da cidade.

"Olá, John", disse Marla. "Bem na hora!"

"Ótimo", disse Gideon. "Vamos ao nosso próximo compromisso."

"Vocês me encontraram de novo", comentei.

"Às vezes, é mais fácil encontrar os outros do que a nós mesmos", disse Gideon, com o seu velho sorriso penetrante.

Segui-os até um táxi que esperava e em poucos minutos estávamos diante do impressionante prédio localizado numa rua lateral. Gideon pagou a corrida, descemos e entramos no edifício. Tomamos o primeiro elevador para o trigésimo terceiro andar. Eu me lembrava do lugar, que visitara há anos, e fiquei surpreso ao ver que nada mudara. Entramos na recepção, onde Marla nos pediu que nos sentássemos. Ela foi até a recepcionista e sussurrou alguma coisa, voltando em seguida.

"Logo estaremos na presença do Chefe", disse ela.

Só então o pleno impacto do que fazíamos me atingiu. Mais uma vez eu veria Deus cara a cara. Eu teria outra oportunidade de lhe fazer perguntas sobre o passado, o presente e o futuro. Talvez Ele me explicasse por que vamos pela vida lutando a cada momento. Talvez até me falasse de Mardai e me explicasse por que ela tivera de sair desta vida tão jovem. Meus pensamentos estavam se descontrolando quando a voz de Gideon me fez voltar ao momento presente.

"John", disse ele, "você está um pouco nervoso. Acalme-se. Este encontro vai lhe fazer um grande bem. Não há nada a temer. O que pode acontecer é você sair sentindo-se mais confiante e com um maior controle sobre os eventos da sua vida."

Marla acrescentou: "Sim. Pergunte a Deus o que quiser. Ele nunca se recusa a responder, se bem que às vezes não dê explicações. Isso pode ser frustrante, mas você aprende muito".

"Anseio por vê-Lo de novo. Há tantas coisas que eu queria saber, e agora todas as perguntas sumiram da minha cabeça. Isso é ridículo, não?"

Antes de eles poderem responder, a recepcionista se aproximou e disse: "Vocês podem ir agora. A sala de reuniões de sempre, Gideon".

"Obrigado, Maria", disse Gideon ao levantar-se. Marla e eu o seguimos até o corredor bem iluminado que leva à porta onde está escrito "Chefe Executivo e Presidente do Conselho". Gideon bateu, girou a maçaneta e entrou. Segui-o depois de Marla. O escritório era elegante, decorado despretensiosamente e, se eu bem me lembrava, tinha o mesmo carpete azul-celeste. Porém a grande escrivaninha e os arquivos tinham desaparecido. Parecia mais uma sala de estar do que um escritório.

Enquanto estávamos ali, a porta do lado oposto se abriu, e uma bela jovem entrou. Eu já vi muitas mulheres bonitas na vida, mas nunca alguma tão encantadora como aquela que se aproximava de nós. Pensei que ela devia ser a secretária ou assistente de Deus. Ela parecia flutuar pela sala, com a graça que a realeza costuma exibir. Seu longo vestido irradiava as cores do arco-íris, e os cabelos lhe acentuavam a beleza do rosto. Aquela devia ser a mulher mais formosa de todo o universo. Vendo-me fascinado pela sua beleza, fiquei olhando fixamente para ela.

"Sentem-se, por favor", disse ela, com uma voz delicada e um caloroso sorriso. Sentamo-nos, Gideon e Marla no sofá e eu numa cadeira de espaldar reto. A mulher sentou-se no chão à nossa frente. Isso parecia estranho, pois havia cadeiras vazias na sala. Ninguém se dera ao trabalho de apresentá-la a mim, mas julguei que fosse por esquecimento. Vi que Marla e Gideon me olhavam com um ar que poderia ser descrito como divertido. Eu não via nada de engraçado na situação.

"Bem, John. O que você está pensando?", disse Gideon.

"Pensando? Na verdade, não estou pensando em nada. Por que você não me apresenta a essa bela senhora?", perguntei.

"Oh, lamento", disse Marla. "Pensei que você a conhecesse. Vocês já se encontraram muitas vezes antes e ela o conhece. John, apresento-lhe Deus."

"Deus?", balbuciei, olhando a mulher sentada tão calmamente no chão à minha frente. "Deus? Você não é Deus, é?"

Sua voz era a própria música quando ela respondeu: "Você deve ter ficado intrigado por eu me apresentar hoje em forma de mulher. Isso ocorre porque você se acostumou a pensar em mim como uma figura masculina. Acabo de chegar de uma cultura onde sou concebido como *Deus-Mãe* em vez de *Deus-Pai*. Como você sabe, há algumas culturas que fazem isso. Mas se o deixar mais à vontade, pense em mim como homem. Para mim isso não tem nenhuma importância. Sou homem, mulher, nenhum deles, os dois, qualquer coisa. Sou *tudo*. Não pode haver dois *tudo*".

A essa altura, Gideon e Marla estavam rindo. Gideon se recompôs antes. "Perdoe-nos, John", disse ele. "Achamos que este ambiente despertaria o seu interesse. Foi sugestão de Deus. Às vezes é divertido trazer excitação e humor para a vida."

Fiquei atônito com aquela evidente falta de respeito na presença de Deus. Em muitas igrejas de Deus o riso não é visto com bons olhos. Há alguns séculos, a pessoa poderia ir parar na fogueira por causa desse comportamento. A voz de Deus interrompeu os meus pensamentos.

"John", disse Ela, "a maioria das pessoas me compreende mal. Este é um universo feliz. Eu o criei assim. Eu queria que toda a criação fosse feliz. Mesmo sendo Deus, há ocasiões em que Eu não entendo como as pessoas podem ter tanto medo de Mim. Sei que algumas de suas igrejas vêm ensinando que sou um ser vingativo e irado, que estou pronto a punir todos mesmo pela mais diminuta infração de regras que não me lembro de ter estabelecido. Isso é com efeito uma tolice. Mas venha, temos muito o que conversar."

Deus parou de falar e Se levantou. Eu observava com atenção, porque não é todo dia que se tem uma experiência dessa natureza. Enquanto eu olhava para Ela, Seu corpo foi ficando impreciso e eu apertei os olhos num esforço para visualizá-Lo. No instante seguinte, Ela assumiu uma forma masculina. Prendi o fôlego por uns segundos e pensei que eu logo iria acordar, e tudo não passaria de um sonho estranho, sem nenhuma realidade.

"Isso é real, John", disse Deus. "Mas também é um sonho, se bem que não no sentido em que se pensa normalmente. Por outro lado, como a sua cultura me vê como homem, assumi a forma masculina. E eu com certeza conheço os seus pensamentos. Conheço os pensamentos de todas as pessoas quando desejo conhecê-los. Você também estava pensando que não é todo dia que se tem um encontro com Deus. Bem, você está enganado quanto a isso. Todos os dias, todas as horas, todos os segundos, pode-se ter acesso a mim. Estou em cada partícula da criação e cada uma delas sou eu. Quanto à questão masculino-feminino, isso na verdade não importa. Há muito mais coisas relevantes a tratar do que imaginar se sou homem ou mulher, branco ou preto, vermelho ou amarelo, cristão ou judeu, hindu ou muçulmano. Eu sou tudo isso e ainda mais."

"E que dizer da questão do Pai, do Filho e do Espírito Santo?", perguntei.

"Prefere-se isso em algumas culturas. Em outras, é Mãe, Filha e Espírito Santo. Em outras ainda é Criador, Preservador e Destruidor. E que tal Criador, Criança e Espírito Absoluto? Pouco importa. Deus é *Um Só*. Mas cada forma de vida tem de mim uma percepção distinta. Venha, vamos visitar um dos meus recantos favoritos."

De repente, a sala desapareceu e nos vimos no cume de uma elevadíssima montanha. Olhei ao redor e vi o oceano a distância. As águas tinham o delicado tom de um verde-azulado. "Sim, John", disse Deus, "você pode chamar isso de uma experiência elevada. Você não precisa escalar uma montanha para me encontrar. Você escala montanhas para encontrar a *si mesmo*. Mantenha-se perto de mim e as suas dificuldades deixarão de ter o porte de uma montanha."

Eu sabia que Ele estava tentando me ensinar uma coisa muito importante, mas não tinha muita certeza sobre o que era essa coisa. Mas não havia problema, pois eu gostava muito de estar na presença Dele ou Dela. Sempre que entramos em sintonia com Deus, há uma paz indescritível. Há uma bênção que supera tudo o que se pode imaginar quando se está na presença do Todo-Poderoso. Talvez o salmista se referisse a isso quando disse: "Aquele que habita o recanto secreto do Altíssimo ficará à Sombra do Todo-Poderoso".

Ficamos de pé ali por um longo tempo aproveitando o vento, o sol, a vista panorâmica. Ninguém emitia um único som. Uma ou duas nuvens passaram e, lá do alto da montanha, era possível ouvir o canto dos pássaros que saltitavam nos ramos das árvores sempre verdejantes. Deus estava ao meu lado e eu O olhava com o canto do olho. Seu cabelo parecia louro, mas quando se olhava mais atentamente parecia mais escuro. Ele usava um suéter e calças *jeans* desbotadas em alguns pontos. Olhei outra vez para o Seu cabelo, que agora parecia grisalho. Era muito estranho o fato de o Seu cabelo se modificar daquela maneira.

"Se isso o incomoda, John, posso fazê-lo manter uma cor só", ofereceu-se, solícito, Deus.

"Não é o cabelo. Eu apenas estava pensando em como é tranqüilo estar ao Seu lado e em como é gloriosa a experiência de estar na Sua presença."

"Você *deveria* ter essa experiência todos os dias", replicou Ele. "Você pode determinar como vai ser todo o seu dia relembrando-se de experiências como esta ao despertar pela manhã. Algumas pessoas chamam isso de oração, outros o concebem como meditação ou contemplação. Sempre estou tão perto de você quanto os seus pensamentos. Pense em mim, e você entra instantaneamente em contato comigo. E lembre-se de que você nunca me vê tal como *eu sou* e sim como *você é*."

"Quer dizer que essa Sua atual aparência pode não ser a Sua verdadeira aparência?" Eu estava um tanto confuso.

"Esta é somente uma das muitas formas nas quais posso me manifestar. Quero dizer que a maioria dos seres humanos me concebe de uma determinada maneira e acredita que eu seja tal como pensa. Veja algumas civilizações antigas. Elas acreditavam que eu era um Deus ciumento, irritado e vingativo que só existia para ser adorado e temido. E assim como elas acreditavam eu era."

"Suas palavras se opõem a muitas coisas que nos foram ensinadas, Senhor", falei.

"E você acredita em tudo o que lhe ensinam, John?", perguntou Ele.

Marla e Gideon estavam calados escutando o nosso diálogo. Deus levantou a mão esquerda e apontou as coisas ao redor. "Veja", disse ele, "veja toda essa beleza. A Terra é muito especial para mim. Todos os mundos são especiais, mas tenho um lugar reservado para a Terra no meu coração. Você devia fruir mais a sua beleza, passar mais tempo nos seus rios, lagos, montanhas e florestas. Para nós é mais fácil conversar em lugares assim. Cuide do seu meio ambiente. Não pense que, poluindo-o, você o estará destruindo. Ele é que vai destruir você."

Assim que Ele parou de falar, todo o cenário estremeceu e sumiu. Numa fração de segundos voltamos ao escritório da G & M. Tive a impressão de que nunca saíramos dali. Até estávamos nas mesmas posições anteriores. Era por certo excitante estar na presença de Deus — estranho mas excitante.

"Senhor", eu disse, "tenho esperado todos esses anos para Lhe fazer perguntas que têm grande importância para mim. Contudo, quando estou na Sua presença as perguntas não me parecem relevantes. Quando estou perto do Senhor, tudo parece estar muito bem."

"Por que você não pratica o estar perto de mim com mais freqüência? Por que você não poderia estar perto de mim sempre que quisesse? Estou sempre perto de você", disse Ele.

"Faz tempo que não vou à igreja, Senhor. Sempre deixo de ir alguns domingos por mês. Acho que passarei a ir mais vezes."

"Eu mesmo não tenho ido ultimamente", disse Ele. "Acho que vou ter de visitar algumas para saber o que elas pretendem."

Eu quase caí da cadeira. Pensei que talvez não O tivesse ouvido bem. Mas permaneci como estava enquanto Ele prosseguia: "Não que eu não goste de alguns aspectos da igreja. A música costuma ser boa e de fato gosto dos cânticos. Mas pense bem, John, século após século ouvindo a mesma coisa. Pregadores falando aos gritos de destruição, de choro e ranger de dentes, em seus púlpitos. Congregações levadas, pelo medo, a acreditar em argumentos ridículos sobre mim e acerca das minhas intenções. Cada grupo, seita ou denominação reivindicando para si o conhecimento do caminho certo. Imagine ouvir o que leva o nome de 'Pai Nosso' centenas de milhões de vezes por semana. Só de raro em raro ouço alguém dizê-lo com sentimento. O resto não passa de barulho e de tagarelice sem sentido. O mesmo se aplica a toda situação de culto.

"Quero dizer que, embora os rituais tenham o seu lugar, é muito mais importante aquilo que fazemos uns pelos outros, o grau do nosso amor pelo próximo e da ajuda que prestamos a ele. Não me importo tanto com o incenso ou com o culto quanto com as pessoas, os animais, as árvores e com outros aspectos da minha criação. Quando a intenção é servir aos habitantes do mundo é que se encontra de fato a paz. Nesse momento, você vai chegar a se conhecer verdadeiramente e, ao fazê-lo, vai Me conhecer melhor." Sua voz foi se tornando um sussurro enquanto Ele se virava para Gideon e Marla e dizia: "É hora de levar John para casa".

"Mas, Senhor", argumentei, "eu ainda tenho muitas perguntas. Não poderíamos...?"

"Eu sei. Você quer perguntar sobre Mardai, sobre o seu pai, seus filhos, seu trabalho e todas as outras coisas que o preocupam. Mas no momento você deve voltar à rotina. Você tem um avião para pegar e filhos que o esperam. Marla e Gideon vão levá-lo de volta ao aeroporto."

Deus se aproximou e pôs a mão no meu ombro enquanto me levava até a porta. Gideon e Marla vinham atrás de nós. Deus disse: "Não se esqueça, John, de praticar o simples estar na presença de Deus. Descubra o lugar secreto em que os problemas do seu mundo não podem atingi-lo. E é verdade que", Ele disse como um adendo, "aquele que habita o recanto secreto do Altíssimo ficará à Sombra do Todo-Poderoso. Breve terei algo especial para você. *Vaya con Dios*". Segundos depois, Ele se foi.

Marla resolveu ficar na G & M por mais algum tempo, mas prometeu ligar para mim logo que pudesse. Gideon e eu pegamos o elevador e depois um táxi que nos levou diretamente ao aeroporto. Não falamos muito. Creio que ele desejava que eu assimilasse boa parte do que acontecera naquele dia. Ele se despediu e prometeu manter-se em contato comigo. Horas depois, eu deixara a Big City bem para trás. Havia uma doce tristeza em deixar os meus amigos queridos, mas eu sabia que tivera uma aventura das mais instrutivas, e mal podia esperar pelo nosso próximo encontro.

Capítulo 15

Pintem o meu sótão de verde

A semana seguinte foi passada em meio à labuta com todas as coisas que eu deixara por fazer. A lembrança da visita a Deus estava vívida na minha mente, e eu envidava esforços ainda maiores para praticar o estar na Sua presença. Eu lamentava não ter obtido nenhuma informação específica sobre Mardai, mas estava contente com o pensamento de que logo descobriria mais.

O sábado chegou, e vi-me tomado por uma forte excitação interior. Mesmo com um exame mais cuidadoso, eu não encontrei razões para estar tão feliz, e mesmo assim não era possível conter aquela sensação. Às vezes me sinto mal quando estou aparentemente feliz sem motivo, pois imagino em termos "racionais" que não há razão para tanto. Só nos últimos tempos percebi que não é preciso um motivo para ficar feliz. No meio das minhas reflexões, o telefone tocou. Atendi, dizendo "Alô!"

"Olá, John; é Gideon."

"Olá, Gideon. Eu estava com saudades de você e de Marla", falei.

Como sempre, ele foi direto ao ponto: "Hoje você vai receber a visita do Todo-Poderoso. Você se lembra do nosso último encontro com Ele, quando Ele lhe prometeu algo especial? Pois bem, o dia é hoje".

"Devagar, Gideon, devagar!", exclamei. "Comece outra vez do começo. De que você está falando?"

Gideon fez uma pequena pausa e disse: "Deus vai à sua casa hoje. Claro que eu e Marla estaremos com Ele".

"Deus vem me ver? Por que Ele faria isso?"

"Você não foi vê-Lo? Por que Ele não deveria ver você? Afinal, você *está* tentando se aproximar mais Dele."

"Sim, eu sei, mas a coisa toda parece estranha. Deus vindo à minha casa? Não posso acreditar."

"Você deve estar se perguntando o que os seus vizinhos vão pensar. Bem, não se incomode com isso. Ele também visita a casa deles, mas a maioria nunca O vê nem reconhece a Sua presença. Com toda a preocupação com o quintal, a limpeza, a cozinha, a louça e, é claro, os filhos, quem tem tempo para Deus?"

"Vejo que você tenta fazer graça, Gideon", falei. "Sempre terei tempo para Deus. É uma honra receber a Sua visita. Por falar nisso, o que você quer dizer ao afirmar que Ele também visita a casa dos vizinhos?"

"Ele visita todas as casas, mas nem todos O vêem. Ele fala a todos, mas nem todos O escutam. Ele já visitou a sua casa tantas vezes que é quase como se morasse nela. Ele também vive na casa dos seus vizinhos, nas casas de todas as cidadezinhas e metrópoles. Ele vive em toda parte, John."

"Se vive aqui, para que Ele tem de me visitar? Pare de falar de modo enigmático, Gideon, e responda, por favor, com frases simples", falei.

Num tom de voz mais sério, ele disse: "Eu não estava brincando. Estava somente tentando fazê-lo pensar. O centro da questão é: 'Deus está em toda parte, mas nem todos têm consciência da Sua presença'. Mais tarde, Ele vai visitá-lo de uma maneira que vai sempre lembrá-lo de Sua proximidade. Parece que você sempre tem de ver para crer; mas eu lhe digo que creia e você vai ver".

"Então deixe-me pôr mãos à obra: aparar a grama, consertar..."

Ele não me deixou terminar. "Não, não. Não são necessários preparativos especiais. Você não tem de fazer nada fora do comum. Deus sempre o vê como você é e como pode ser."

Eu disse: "Ao menos devo providenciar alguns bolos e café fresco".

O riso de Gideon ressoou no telefone. "Tenho a certeza de que bolos e café são uma importante prioridade de Deus. Vamos, John, esqueça essas coisas. Apenas espere a visita de Deus hoje à tarde, por volta de, digamos, quatro horas. Esse horário está bom para você?"

"Qualquer hora que Deus queira me visitar é muito boa para mim", respondi, nervoso. "Mas Gideon, e as crianças? Elas também vão encontrar-se com Ele?"

"As crianças se encontram com Deus mais freqüentemente do que os adultos. As suas O vêem todos os dias. Mas hoje não poderão vê-Lo. Seu principal negócio é com você. Marla e eu tomamos algumas providências com relação a Malika e Jonathan. Os dois passarão a noite na casa de amigos."

"Terei de lhes dizer isso."

"As providências já foram tomadas; assim, vá trabalhar como se nada estivesse acontecendo", disse ele.

"Como se nada estivesse acontecendo? Deus está para vir à minha casa e você me diz que eu vá trabalhar como se nada estivesse acontecendo?"

Ele voltou a me interromper: "Você parece não compreender a questão, John. Deus sempre está na sua casa; para que fazer disso um alvoroço? A única diferença é que, desta vez, você vai ter consciência de Sua presença. Que diferença há entre a sua casa e a sede da G & M?"

"Estarei pronto, Gideon", falei.

"Até mais tarde, meu amigo", replicou ele, desligando o telefone.

Antes de eu poder colocar meus pensamentos em ordem, as crianças entraram. Elas estavam brincando lá fora há meia hora, e como era hora de comer, julguei que estivessem famintas.

"Você pede a ele, Malika", disse Jonathan, com um sorriso maroto.

"Papai", disse Malika, "você deixa eu e Jonathan passarmos a noite na casa de Lisa? O irmão dela, Mark, vai ver um filme com Jonathan. Vai ser muito bom, papai. Lisa e eu vamos ficar de olho neles. Por favor, papai, deixe."

Eles pareciam muito animados com a idéia. "Quando surgiu essa idéia? Vocês não me falaram disso antes."

"Mark e Lisa nos chamaram há poucos minutos. Disseram que está tudo bem com os pais deles", respondeu Jonathan.

É claro que permiti. Liguei imediatamente para os pais de Lisa e Mark para confirmar. Por volta das três, Malika e Jonathan arrumaram suas coisas e foram para a casa ao lado passar a noite com seus amiguinhos. Fiquei sozinho, imaginando o que fazer exatamente quando Deus chegasse.

Fiquei andando um pouco pela casa, sem saber o que esperar. Saí, pensando que faria perguntas práticas a Deus, em vez das questões tolas e mundanas que costumava formular quando estava com Ele. Essa seria a minha oportunidade. Dessa vez eu não seria descartado com respostas que pareciam demasiado vagas ou complexas. Talvez Ele caminhasse comigo pelo quintal e me ensinasse a fazer a mimosa enramar. Pensei, sorrindo para mim mesmo, que iria Lhe perguntar sobre o vazamento no porão e, ao mesmo tempo, ver qual a Sua opinião sobre o recapeamento da entrada de carros.

Quanto mais pensava, mais eu me dava conta das muitas coisas com relação às quais eu desejava a ajuda de Deus. E havia os dois pneus ruins no carro. Eu não sabia se os trocava ou conservava por mais um ou dois meses. E havia a questão de mandar as crianças passarem as férias com os avós. Isso deveria ser feito no início do verão ou bem depois, de preferência poucas semanas antes do começo do ano letivo? E eu não podia me esquecer da sala no sótão. Deus por certo iria concordar que eu a pintasse. Mas que cor eu deveria usar? Talvez verde... ou talvez amarelo ou azul. Eu não via problemas; Deus me ajudaria em todas essas decisões.

E assim foi acontecendo, cada pergunta ficando mais sem sentido e centrada em mim mesmo do que a anterior. Levei alguns minutos para me dar conta de que me deixara levar por um velho hábito insensato. Com um sorriso embaraçado, vi que não precisava perguntar a Deus sobre a mimosa. Era fácil conseguir essa informação na loja de plantas ou na biblioteca, e um telefonema ou uma visita me ensinariam tudo o que eu precisava saber. Nosso bombeiro poderia me aconselhar sobre o cano do porão, e não era preciso uma grande inteligência para saber que eu devia levar os pneus para o exame do mecânico do posto de gasolina a quem costumo recorrer. Quanto à questão das férias das crianças com os avós, por que eu não ligava e perguntava a eles qual semana seria melhor?

É interessante o fato de resolvermos muitos problemas por meio da simples percepção de que já possuímos boa parte das informações de que necessitamos. Imagine eu perguntar a Deus que cor deveria usar no sótão! Era provável que eu perguntasse em seguida se Deus me aconselhava cortar o cabelo imediatamente ou na semana seguinte. Enquanto revolvia essas coisas na minha mente, foi ficando claro que qualquer cor que eu escolhesse para a sala do sótão cairia bem. Se eu preferisse o azul, ele seria excelente. Se o verde me deixava feliz, que eu pintasse o sótão de verde. Eu tinha de decidir sobre coisas como pneus, cortes de cabelo e assim por diante.

Voltei lentamente para casa, pensando que costumamos pedir a Deus que tome por nós decisões que temos plena condição de tomar por nós mesmos. Pareceu-me que o melhor é fazer tudo o que estiver ao nosso alcance com relação ao problema e deixar o resto entregue a Deus. O Criador já nos forneceu os instrumentos de que precisamos para viver. Basta fazermos um esforço por encontrá-los e usá-los de modo adequado.

As quatro horas se aproximavam e Deus logo estaria chegando. Eu começara pela tentativa de descobrir que perguntas Lhe fazer. Como eu pudera me esquecer de pedir ajuda para a sra. Jones, que acabara de perder o marido? E, é claro, eu deveria pedir assistência à família que perdera tudo num incêndio em casa no outro dia. Eu definitivamente deveria solicitar o auxílio de Deus para pessoas mais necessitadas do que eu. Diante dos delas, os meus problemas pareciam muito insignificantes. Mas dessa vez eu perguntaria sobre Mardai e a sua vida.

Com esses pensamentos, peguei o pote de café, fiz um café fresco e me sentei à mesa da cozinha para esperar por Deus.

Capítulo 16

Agora posso ver as coisas com clareza

Eu mal me sentara quando a campainha tocou. Pulei da cadeira, corri para a porta da frente e a abri animadamente de par em par. Era grande a minha ânsia de rever Deus, mas não era Ele. Era Gideon, com a sua alegria de sempre. Marla também não viera.

"Entre, Gideon", falei. "Prazer em vê-lo, mas onde estão Deus e Marla?"

"Marla subiu as escadas de trás e foi para a varanda. Disse que hoje é um lindo dia e que você não iria se incomodar se nos sentássemos todos na varanda e aproveitássemos as dádivas da natureza enquanto conversamos."

"Para mim está bem", repliquei. "Mas onde está Deus? Já são quatro horas."

"Deus nunca chega atrasado", quando ele disse isso, o telefone tocou.

"Vá em frente, Gideon, tome um pouco de café. Pegue para mim também, por favor. Desligarei o telefone num segundo."

Peguei o fone. Era um vizinho perguntando se eu podia emprestar minha furadeira elétrica. No início fiquei claramente incomodado com a sua chamada, pois não queria nada que me impedisse de me encontrar com Deus. Mas me dei conta de que também é importante fazer o que se pode para ajudar os outros. Há muitas pessoas que, quando vêem alguém necessitando de ajuda, estão prontas a formar um comitê de discussão em vez de fazer alguma coisa concreta a respeito.

"Claro", falei. "Ela está na garagem, na mesa de carpinteiro. Pode pegar. Use-a quando quiser. A porta está aberta. Desculpe-me, tenho visitas e preciso ir agora. Tchau."

Virei-me para Gideon, que disse: "Vamos ficar com Marla na varanda".

"Está certo. Vou levar-lhe café", repliquei.

"Ela prefere água, John. Eu levo um copo com água."

Momentos depois, estávamos sentados com Marla na varanda. Eu esperava a chegada de Deus a qualquer momento.

"Olá, John", Marla me cumprimentou. "Que belo cenário para nos encontrarmos com Ele!"

Respondi: "Sem dúvida. Mas onde está Ele, Marla? O dia era hoje, não?"

"Sim, o dia é hoje e esta é a hora." E, virando-se para Gideon: "Por que você não explica, Gideon?"

"Relaxe, John. Tenho algumas coisas para lhe contar", disse ele.

"Eu sabia! Eu sabia!", gritei, com a desilusão tomando conta de mim. "Algo me dizia que Ele não viria." Soltei um suspiro de resignação. Marla e Gideon ficaram em silêncio por alguns instantes. Por fim, Gideon tomou mais um gole de café, se inclinou na cadeira e começou a falar.

"Ouça com atenção, John. Deus não o desapontou. Ele nunca faz isso com ninguém. Lembra-se de que eu lhe disse antes que Deus nunca se atrasa? Ele veio. Ele está aqui, mas preferiu fazê-lo com uma forma diferente daquela em que você o viu recentemente. Ele queria que você entendesse que não precisa ir à Big City para encontrá-Lo, que Ele está sempre com você e que não é necessário marcar um encontro. Ele *está* aqui com você neste momento, mas você não pode vê-Lo e sim sentir a Sua presença."

"Então onde está Ele, Gideon?" A minha voz ainda revelava o meu desapontamento.

Foi a vez de Marla falar. "Ouça, John, você poderia confiar em nós mais um pouco?"

"Claro, Marla. Você sabe que eu sempre confiei em você e Gideon — ou ao menos quase sempre."

Apontando para as árvores, ela disse: "Bem, olhe ao seu redor, olhe tudo o que o cerca e procure ficar bem tranqüilo. Aquiete os seus pensamentos, que ainda estão descontrolados. Agora comece a ouvir o que o seu coração está dizendo — e você vai começar a ver Deus".

Ela parecia tão preocupada, tão cuidadosa, e sua voz era tão suave que eu me sentei por um tempo em silêncio contemplando as árvores. De modo lento no princípio e com total absorção logo depois, todo o meu corpo começou a relaxar. Uma formidável sensação de paz tomou conta do meu ser e eu sorri para Gideon. E até pisquei para Marla.

"Muito bom", murmurei. "Sei onde Ele está."

"Creio que finalmente terminamos o nosso trabalho com ele, Gideon", anunciou Marla, com orgulho.

"Creio que sim", foi a resposta dele.

"Sim, caros amigos. Deus está bem aqui comigo. Ele está no meu coração, na minha mente e na minha alma. Não preciso ir a lugar algum para encontrá-Lo. Tudo o que preciso fazer é me aquietar, podendo então ouvi-Lo falar comigo.

Agora compreendo o que vocês queriam me transmitir ao dizer que Deus sempre está aqui, que Ele visita a minha casa, que Ele nunca me abandona. No início eu sabia com a cabeça, mas agora sei com o coração. Façam o favor de me perdoar por eu não ter visto isso antes. Fico imaginando por que demorou tanto tempo."

"Não há o que perdoar, John", disse Gideon. "Cada pessoa termina por encontrar o seu Deus. Para alguns isso acontece com rapidez, mas para outros pode demorar um tempo enorme. Você de fato se saiu bem, John."

Gideon procurou algo no bolso interno do paletó e retirou um envelope. Passando a mim, disse: "Esta carta é para você, John. Deus queria que eu a entregasse pessoalmente".

Peguei a carta e disse um caloroso "Muito obrigado". Escritas num envelope azul, estavam as palavras: "Para John, com amor — Abrir de imediato". A assinatura era "D". Abri o envelope com cuidado e tirei a carta. Olhei para Gideon, que disse: "Leia-a agora, John. Em voz alta, se quiser. Estávamos presentes quando Ele a escreveu".

Acomodei-me na cadeira, ficando um pouco mais à vontade, e comecei a ler.

"Caro e Amado John... Você esperava receber uma visita minha na mesma forma que me apresentei no nosso último encontro. Desta vez, prefiro não agir assim, mostrando a você, em vez disso, que sempre estou com você, e em muitas formas e modos diferentes uns dos outros. No início, você ficou desapontado quando eu não cheguei com Gideon e Marla. Na realidade, eu estava aí antes de eles chegarem. Sempre estive aí mesmo antes da Terra, do Universo, de tudo.

"Alguém lhe disse um dia que eu não sou como os seres humanos, que não tenho braços, pernas, rosto e outras características humanas. De certa maneira, isso é verdade, porque tenho qualquer aparência que desejar assumir. Sou a soma total de tudo. Sou *Tudo o Que Existe*. Se quiser ser uma força invisível ou campo de interação, então é isso *que Sou*. Se quiser ter forma humana, também *Sou* isso. Por vezes você acha difícil me conceber apenas como uma força benigna. Nesses momentos, é melhor que você me veja ou pense em mim em termos humanos; isso vai ajudá-lo a ficar mais perto de mim. Darei a você mais conforto e força e, à medida que evoluírem sua sabedoria e sua compreensão, você vai descobrir que não precisa mais me ver ou se relacionar comigo como se eu tivesse uma forma, contorno ou tamanho particular. Você descobrirá nesse momento que Eu e você sempre estivemos juntos e somos partes inseparáveis um do outro.

"Fiquei intrigado e feliz com as suas reflexões sobre a vida, feitas enquanto você vagava pelo jardim esta tarde. Você não precisa de mim para saber de que cor pintar uma sala ou que roupa usar numa reunião. Trata-se de decisões que a maioria dos meus filhos pode tomar sem problemas. Tudo o que você precisa fazer é praticar o ter consciência de mim o tempo inteiro. Sim, tenho muitos filhos. Há muitos de vocês na Terra, cada qual peculiarmente diferente dos outros. Há outros que vivem em galáxias distantes e em universos de espaço-tempo alternativos. E gosto de todos.

"Ao longo da sua história terrestre, têm havido alguns grupos que acham que eu lhes pertenço. Eles chamam outros grupos de 'pagãos' e de 'infiéis', e até promovem guerras terríveis para me proteger dos que não crêem em mim. Você se lembra das cruzadas do rei Ricardo contra Saladino e seus seguidores muçulmanos? Ambos os lados lutavam por mim; os dois líderes queriam salvar a Cidade

Santa para mim. Veja que tolice! Eu sou Deus e não preciso que ninguém me salve nem proteja. Eu mesmo posso fazer um excelente trabalho.

"Mesmo neste século XX há muitas religiões, muitas denominações, muitas diferenças, cada qual pensando ter descoberto o único Deus verdadeiro. Eu já lhe disse que só há um Deus, e *Eu sou Ele, Ela* ou *Isso*. Sim, tenho muitos filhos na Terra com nomes como católicos, protestantes, fundamentalistas, judeus, hindus, muçulmanos, budistas, agnósticos, e assim indefinidamente. Eu os amo a todos. Embora alguns deles não acreditem em mim, eu acredito neles e cuido de todos da mesma maneira. Deve um pai ou uma mãe amar um filho e odiar o outro? É desejo do pai que o filho realize o seu potencial, seja feliz e bem-sucedido. Eis o que quero para todos os meus filhos.

"Neste ponto da minha carta, é bem provável que você esteja desejando e ansiando por algumas palavras minhas sobre a sua amada Mardai. Existem várias coisas que você ainda não entende. Por acaso o professor deve ensinar álgebra avançada na terceira série? Não. À medida que evoluir e aprender, você será capaz de entender a beleza do Plano Eterno. Mas eu lhe direi uma coisa: Mardai está feliz em seu novo trabalho. Ela está com a mesma aparência radiantemente graciosa e bela que tinha quando estava com você em forma física. Devido às diferenças entre os universos que vocês ocupam, você não a pode ver nem ouvir como costumava. Há, porém, um lugar de encontro, e do mesmo modo como você me encontrou no coração, assim também você vai encontrá-la. Ela está contente com o seu progresso e está perto de você. Você vai vê-la outra vez quando o seu trabalho na Terra tiver terminado. Saiba que os vínculos que unem vocês se estendem à própria eternidade.

"Fale com ela em seus momentos de quietude, tal como você fala comigo. Ela vai ouvir e responder. Não se preocupe tanto com as crianças. Elas recebem muita ajuda de nós. Ensine-lhes as coisas que você aprendeu, e elas estarão bem equipadas para cumprir a missão que têm na Terra.

"Ame o próximo. Perdoe quem o feriu ou tentou se aproveitar de você. Não deixe que floresçam ressentimentos contra quem quer que seja. Perdoe os outros, não porque o mereçam, mas porque você o faz. Ajudem e protejam uns aos outros e, sobretudo, passem algum tempo, todos os dias, tentando ter consciência da minha presença junto a vocês. Com a prática, você vai descobrir que se aproxima mais de mim. À medida que se aproxima de mim, você vai percebendo que fica mais feliz e mais bem-sucedido no seu trabalho na Terra.

"Não estou dizendo que você nunca vai ter problemas nem dor, nem deixar de passar por aparentes fracassos. Digo que, mesmo quando a estrada parecer difícil, você vai conseguir percorrê-la. Haverá tempos difíceis, mas não tão difíceis quanto os de antes. Haverá fracassos, mas os fracassos só são fracassos porque você não vê o quadro mais amplo, que lhe mostraria que eles na verdade são degraus para o sucesso. Os tempos difíceis também podem ser tempos gloriosos.

"Agora você deve dar prosseguimento ao seu trabalho. Existe, bem no fundo do seu ser, o conhecimento do motivo pelo qual você está na Terra. Quando estiver confuso ou frustrado, encontre um lugar tranqüilo onde possa sentar-se e falar comigo. Sempre estive e sempre estarei com você. Nunca abandono os meus filhos. Que a minha força seja a sua força e o meu júbilo o seu júbilo. Agora você pode ver as coisas com clareza. A bruma está se dissipando.

"Gideon e Marla estarão por perto sempre que você precisar deles. Eles não vão fazer milagres para você, mas o ajudarão e lhe mostrarão como fazê-los você mesmo. Eles são os seus auxiliares na Terra. Mantenha-se em contato com eles. Vocês devem trabalhar juntos pelo bem de todos cuja vida você toca.

"Bem, estou prestes a terminar a carta, e você vai se lembrar de todas essas coisas. As nossas aventuras não chegaram ao fim; estão somente tendo seqüência. Embora nunca possamos estar separados, você vai me ver de modos distintos em diferentes momentos. *Eu Sou* para sempre. *Você É* para sempre. Quando estamos juntos, tudo é possível. Lembre-se de que sempre estou com você. Meu amado filho, eu o tenho amado com um amor eterno." Embaixo, apenas a assinatura: "Seu Deus".

Levantei os olhos da carta e percebi quanta calma e paz havia em tudo o que me cercava. Uma brisa começou a soprar, a princípio suavemente, e depois com intensidade cada vez maior. Quando eu ia colocar a carta outra vez no envelope, uma rajada de vento a tirou das minhas mãos. Fiz um esforço desesperado para recuperá-la, mas era tarde demais. O papel fez espirais pouco acima da minha cabeça e depois flutuou para cima, sempre se elevando, ultrapassando as árvores. Continuei a me esforçar para continuar a vê-la enquanto ela desaparecia da minha vista de uma vez.

Gideon e Marla se levantaram. Ele pôs o braço em torno do meu ombro enquanto ela segurava a minha mão e dizia: "Nós amamos você, John. Está tudo bem. Breve nos veremos". Eles desceram as escadas, acenando enquanto iam; e, antes de eu poder piscar, desapareceram. Permaneci ali por algum tempo, absorto no silêncio do momento — um momento que parecia durar toda a eternidade.

Há hoje no meu interior uma paz que a tudo domina. Há também o impulso de um fortíssimo vento que me percorre a alma. Tal como você, sou uma parte de Tudo o Que Existe, e Tudo é parte de mim. Sei que o meu trabalho com Gideon, Marla e outras pessoas, meus momentos de quietude com Deus, meu amor pelos meus filhos, minha lembrança de Mardai e a minha caminhada para me tornar uma pessoa melhor vão continuar para sempre. Assim como prossegue a sua jornada para casa, assim também tem continuidade a minha. Sei que verei os meus amigos e entes queridos repetidas vezes. Acalentado por esse pensamento, voltei para o interior da casa e tomei mais uma xícara de café.

Sobre o Autor

Pesquisador e autor premiado, JOHN HARRICHARAN é uma autoridade altamente respeitada no campo da avaliação de negócios e em serviços de consultoria. Eleito o "Homem de Negócios da Semana" e "Jovem Notável da América", é um conferencista requisitado, bem como convidado de inúmeras estações de rádio e de televisão de todo o país.

MESMO QUE VOCÊ POSSA CAMINHAR SOBRE AS ÁGUAS, TOME UM BARCO

John Harricharan

Uma triunfante jornada de autodescoberta que vai mudar o modo como você vê o mundo.

Como a maioria de nós, John era um homem comum que aceitava calmamente os problemas da vida e da carreira profissional sem nenhuma esperança ou progresso real.

Mas aconteceu um milagre.

Ele conheceu um estranho e sábio "homem de negócios" que se chamava Gideon. Foi num breve encontro, cheio de mistério. Para John, porém, era o começo de uma jornada de busca da alma, um alegre despertar para a autocompreensão, a verdade interior e o poder do amor universal que habita em todos nós...

Esta é uma jornada da qual você também pode partilhar.

* * *

A continuação desta narrativa o leitor encontrará no segundo livro de John Harricharan, também publicado pela Editora Pensamento — *A Manhã Só Veio Depois de Uma Longa Noite.*

Outras obras de interesse:

MESMO QUE VOCÊ POSSA CAMINHAR SOBRE AS ÁGUAS, TOME UM BARCO
John Harricharan

NOSSOS GUIAS ESPIRITUAIS
Penny McLean

OS ANJOS – ESPÍRITOS PROTETORES
Penny McLean

UMA JORNADA INTERIOR
Sara Marriott

O SIGNIFICADO DA FELICIDADE
Alan W. Watts

O HOMEM É AQUILO QUE ELE PENSA
James Allen

A AJUDA ATRAVÉS DO INCONSCIENTE
Erhard F. Freitag

FORÇA INTERIOR
Carlos França

O CALENDÁRIO DA SABEDORIA
Winifred A. Parley

LEIS OCULTAS PARA UMA VIDA MELHOR
C. R. de Figueiredo

A FORÇA DO PENSAMENTO
W. W. Atkinson

O PODER DO PENSAMENTO CONSTRUTIVO
Emmet Fox

O LIVRO DAS ATITUDES
Sônia Café e *Neide Innecco*

O LIVRO DO ÊXITO
Diversos

Obras de Darío Lostado:

A ALEGRIA DE SER VOCÊ MESMO

VIVER COMO PESSOA

SOMOS AMOR

MINHA VOZ INTERIOR ME DIZ...

A VERDADE ESTÁ DENTRO DE VOCÊ

ANTES DE TUDO – AMAR